献给父母

淡玉麟　袁晓舲

现代政府运行管理

OPERATION MANAGEMENT FOR MODERN GOVERNMENT

淡 欣◎著

人 民 出 版 社

序　一

童志鹏*

每当国内出现新的观点，人们总要习惯性地问：国外有类似的东西吗？这个问题显然不适用这本书。

《现代政府运行管理》的独特之处在于，它并不是简单地将国外的思维和做法套用到中国，让政府管理为适应国外的做法而改变。作者在体制内工作多年，熟悉政府运行，又对综合电子信息系统有所了解，后来接触国内的城市应急联动系统项目，关注智慧城市在国内的应用，发现各自利弊，形成自身的观点。在2008年北京奥运会和后来的伦敦奥运会中，作者担任重要职务，有机会将一些观点付诸实施，获得有价值的实践成果。这些体制内外、国内国际的复合经历、实践和经验，是写作本书的重要来源。

本书所提出的是适应中国政府运行管理特色的理论和方法，其基本观点是“技术进步要为政府运行的现代化服务，但是不能为此改变法律规定的政府行政架构和行政权限”。每个国家的中央政府所获得的宪法授权有所差别，

---

* 童志鹏：中国工程院院士，电子信息工程专家，原中国电子科学研究院院长，主持研究“九五”国家级重点工程——综合电子信息系统。

所以其他国家的经验不能简单地搬用到中国。中国政府以举国之力发展经济、改善民生、强调控制、保证社会安定的做法通过几十年的实践证明非常适合中国。经济兴盛、社会安定、装备制造水平提高快、创新风起云涌，这是中国在当今世界舞台上的新形象，对政府管理的建言献策应当尊重这个事实，才有可能是有实际意义的。

从近期的政府举措中我们不难看到，要长期保持这样的发展势头，政府需要更有力的管理工具。本书所提出的正是这样的工具，可以让政府更为准确、全面、翔实地了解全社会的运行状态；能更有效地解决问题、及时地甄别风险；能主动地进行改革，真正形成自我完善机制。就高新技术应用而言，作者认为技术应当为我所用，而不是让技术来决定政府管理方式的走向。在这个思想指导下，目前发展迅速的大数据技术、物联网技术、云计算技术等都被集成进来，使其巨大能量为政府管理服务。我们有理由深信未来一定会出现更多更高更新的技术，政府管理可以和产业界一样，能分享技术进步成果。

序　二

王小谟*

技术进步给社会生活带来诸多变化，信息技术在政府的行政管理中也扮演着越来越重要的角色，政府的信息化进程取得长足进步，唯一遗憾的是在总体上呈碎片化，信息技术并没有帮助政府在日常管理中形成综合实力，表面上看是集成度不够，实际上是需要审视信息技术进步与政府管理运行架构之间的关系，让技术进步为管理的进步服务。为此需要有人站在政府的立场，既了解政府的运作机制，也明白现行政府管理体制的优缺点，同时又知道技术进步成果能够为政府搭建怎样的信息系统，来帮助政府真正进入信息时代。

《现代政府运行管理》就是这样一个成果，其基础是综合电子信息系统，利用信息技术新成果如大数据、云计算和物联网等，搭建更符合体制实际的运行架构，将日常运行和应急处置放在同一个政府运行管理系统中完成。这个平台能够真实、实时地呈现社会总体运行态势，用预案应对运行过程中出

* 王小谟：中国工程院院士，工业与信息化部科技委副主任兼秘书长，中国电子科技集团公司科技委副主任，获 2012 年度国家最高科学技术奖，被誉为“中国预警机之父”。

现的事件，用运行规则和流程来体现法律法规的可操作性，并施以有效监督，牢牢地将保障社会平稳运行置于掌控之内，政府在此基础上能够腾出更多精力认真听取百姓诉求，考虑改革问题，为社会进步做出贡献。这里面凸显了几个优势，一是态势信息来自工作层和老百姓，尽可能消除以往体制中信息传递的失真，真正实现了人民对政府行为的监督；二是预案可以汇集过往的经验教训，让政府行为更能体现智慧积累的成果，将个人失误所带来的影响降到最低；三是大数据技术实现的信息高度集成、真实量化和有序细分，为改革提供了有力支持，保证体制的调整和创新立于坚实、真实、可靠的基础之上。

“谁的孩子谁领走”是通行了相当长一段时间的口号，优点是各部门各负其责，缺点是很难改变条块分割、部门间推诿的格局，同时也容易导致各个层级掩盖问题，在问题没有真正得到解决的时候不敢向上级寻求支持，这种以“不出问题就是最大政治”为准则的方式，实际上默认了现行体制的绝对合理性，不利于对部门和一级政府的有效监督，也不能真正发现和解决体制症结导致的问题。《现代政府运行管理》所提出的理论和方法有可能打破这个僵局，让各自为政的政府各部门实现联动和协同。

有理由相信，实现清晰、翔实、动态的全国一盘棋就在不久的将来，政府的行为、思维方式、决策视角都将更加科学，惠益整个社会和时代。

目　录
CONTENTS

下编 现代政府运行管理体系构成

前　言

在这个新技术风起云涌的时代，人们的耳朵里充斥着大数据、物联网、云计算、互联网 +、工业 4.0 这些新鲜名词，它们以各自不同的方式构建属于这个时代的新产业、新制造方式和新经济模式，前所未有地显现出电子信息技术的对整个社会的影响。曾几何时，人们坚定地认为信息技术在 20 世纪达到最高峰后，接下来的 21 世纪是生物技术的时代，基因工程、生物芯片和生物计算机等将成为引领世界进程的主力，然而事实并非如此，电子信息技术在应用层面的黄金时代显然刚刚开始，信息技术的进步让各种以往不可思议的奇谈有了梦想成真的可能，每个行业似乎都有推陈出新的未来。面对这样的时代，政府是否要同步应用信息技术实现管理的科学化、现代化？答案不言而喻，但是技术本身并不会主动给出解决方案，而是需要政府自己有明确的指导思想和顶层设计，选取合适的技术为实现构想而服务。对于过去受技术限制而无法实现的政府管理现代化之梦，现在确实是重新出发的最佳时机。

本书所说现代政府运行管理，适用对象包括政府和公益服务企事业机构，它们的共同特点是依法拥有管理职责，其行为关乎国计民生、关乎社会安定、关乎社会文明、关乎社会公平和正义，顺应历史潮流、发展调整创新，是社会大众赋予的使命。从运行管理的角度而言，政府和公益服务企事业机构共同保障社会的平稳运行。

本书所指的公益服务企事业机构有：市政、公用事业（水电气热等）、交通（包括公共交通、出租车等）、教育（大中小学、幼儿园、培训机构等）、文化服务机构（如博物馆、影剧院等）、卫生（如医院、药店等）、电信、能源（煤炭、石油、天然气、发电等）、邮政、民用航空等。

政府和公益服务企事业机构在运行过程中有三个层级的行为：

◎ 保障层级的行为，就是维持人民生活安定、保持社会财富稳定增长、维护社会道德和秩序，重点是全面掌控全社会的运行态势，依法解决遇到的问题，对潜在风险未雨绸缪；

◎ 修补完善层级的行为，就是在保障的基础上，对现行法律、制度、体制等进行有限调整；

◎ 促进社会进步层级的行为，即在修补完善的基础上构建新模式，也就是说，在经历了大量保障和修补完善的工作之后，寻求深层的突破，在理论和实践两个方面构建更符合宪法的新体制。它凝聚了管理者在长期实践中对全局研究的成果，并不意味着对过往全盘否定，而是总结长期实践的经验和教训，对宪法的精髓做出更准确的解读，在与社会大众达成广泛共识的基础上，创建更有效和更公平的社会运行规则。这个行为的成果就是这个历史阶段管理者对社会进步所做出的贡献。

以上三个层级行为可以概括为社会的发展、调整和创新。在运行态势全面、翔实和实时的条件下，人们有理由期待上述三个层级的行为更有针对性，令政府和公益服务企事业机构更忠实、高效地履行法律所赋予的职责。

本书所阐述的运行管理理念，就是要帮助管理者纵览国家全局、全程监控社会运行，遇到问题用预案来解决，解决不了的从体制进步和规则创新上寻找出路。对于一个依法行政、依宪治国的法制社会而言，运行管理将法律和法规转化为可执行的规则和流程，便于操作、利于监督，能够将绝大多数事件置于控制之下，集中精力解决顽疾，从而保障社会的平稳运行。

信息技术的发展水平已足以让这个期许成为可能。运行管理的理念脱胎于军事上的综合电子信息系统，在2008年北京奥运会期间得到成功应用，与政府运行实现过无缝对接，事实证明是有效、可行的。近些年来，信息技术应用走向成熟和完善，将运行管理理念用于政府和公益服务企事业机构正当其时，本书将阐述运行管理如何为新时代的政府管理服务。

政府和公益服务企事业机构三个层级行为示意

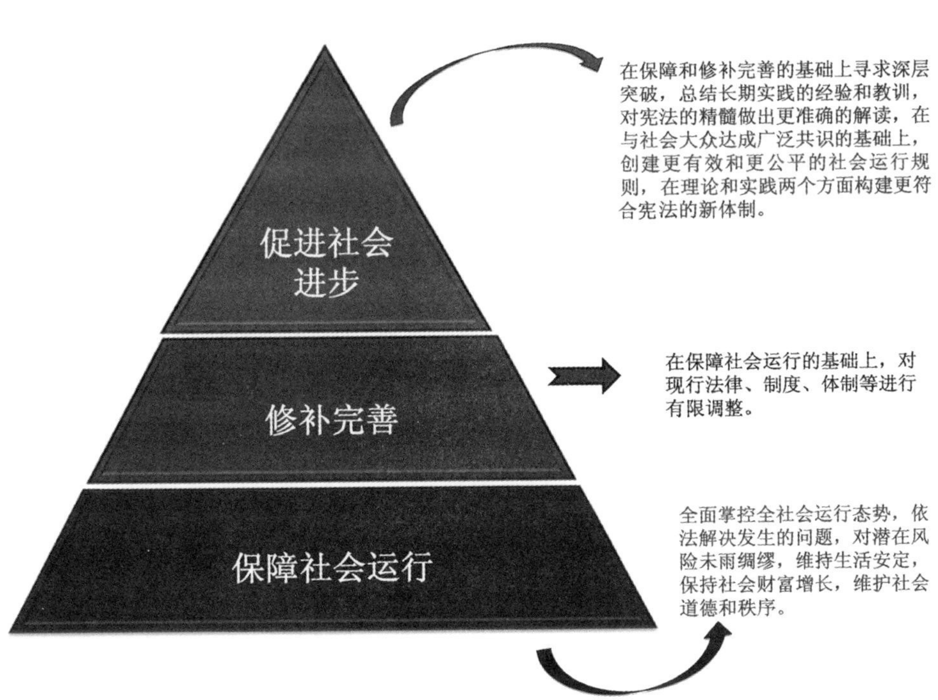

上　编

现代政府行政体制升级与运行管理

上编要点

什么是现代政府运行管理？

社会的运行，起点早已过去，终点远在不知处，维持社会的平稳运行是政府的任务，百姓安居乐业，经济有序繁荣，人文积极多元，政治清明民主，法治公平正义，国防强大稳固，生态健康稳定。建国六十多年之后，国家实力得到大幅度提高，从战争之后的一穷二白，变成有广度、有深度的全球第二大经济体，社会肌体从支离破碎变得完整有序，能够提供较为完善的民生和司法保障，消除了绝大多数赤贫，关注长远发展目标不再是空泛的理想而是具体现实的工作，着力社会全面均衡发展不再是口号而是每天脚踏实地要做的事。政府不能再用大包大揽的管制方式行政，而是要转向服务型，更合理有效地配置公共资源，让企业充分发挥原动力，让普通人充分施展聪明才智，成为促进社会进步的主力军。上述变化意味着现代政府的行政方式需要与时俱进，运行管理正是为这种变化提供的管理思想和工具。

与项目管理、目标管理不同，现代政府运行管理是过程管理，不会为了实现短期的、单一的目标而采取简单粗放的措施管理国家，也不是将所有的资源集中起来，以搞运动的方式阶段性地推动某项工作，而是始终将社会作为一个完整的体系来对待，视整个社会为服务对象，用统一的信息平台呈现全社会的运行态势，以便政府实时掌握全社会的运行状况，一方面用于实事求是地研究和决策，以法律规定的方式对社会进行宏观调整，一方面用于监督政府部门和人员的行为，将社会的日常运行维持在既定的理想状态。对于不符合理想状态的任何问题，不是采取一时放松、一时收紧的工作方式，而是通过有力度的持续关注和资源投入方式解决问题，这种有力度的持续性能够防止问题的反复，让身在其中的管理者和执行者逐步适应依法治国的行政方式。运行管理将法律法规转化为有高度可执行性的运行规则和运行流程，用预案来解决社会发生的问题，拒绝没有法律依据的变通，拒绝妥协，拒绝挑战职业道德和职业操守底线，让整个国家在平稳、受控的前提下均衡发展。

简言之，现代政府运行管理是保障社会长久平稳运行的管理思想和工具，其关键是借助成熟的技术手段，呈现社会运行态势，为政府决策提供全面、翔实和实时的背景信息，为弥补和完善法律法规提供依据，以法律法规为准绳制定运行规则和运行流程，用预案应对发生的问题，实现公众监督与自我监督相结合，保障社会各实体与个人在宽松、公平的环境下谋求发展，与此同时，保证整个社会的平稳运行处于全面、透明的掌控之下。

现代政府是否需要实施运行管理，一要看现代政府组织架构和行政体制是否有需求，二要看是否可行。本书之所以提出现代政府运行管理概念，是因为当今中国社会的发展对政府行政体制提出了升级要求。为了满足这一要求，体制一旦升级就需要有相应的管理工具，而运行管理就是这样一种工具。下面三章将从现代政府的组织架构和行政体制现状入手，分析体制升级，阐述运行管理与体制升级之间的关系。

第一章
现代政府组织架构和行政体制现状

现代政府的组织架构是条块并存，行政体制是“条块分割、各自为政”多于“条块联动、协同行政”。

现代政府的组织架构是条块并存，行政体制现状则是“条块分割、各自为政”多于“条块联动、协同行政”。

第一节　现代政府条块并存组织架构的理论依据

关于我国政府行政管理架构，人们习惯于条块的描述方式，“条”指中央政府直属部委自上而下的指挥关系，如国家工商管理主管部门对各下属级工商管理部门的指挥，“块”则是指地方政府全权负责某一行政区域的指挥关系，此处的行政区域可以是省、市、县、乡或镇。条与块形成了二维运行关系，但实际上不止这些，以中央政府的视角来看，还有国务院对各中央部委、各级政府的指挥关系，理论上可以协调部门（条）和地域（块）之间的所有问题。很明显，在政府行政架构中，“条”与“块”同时存在，“条块并存”是我国政府组织架构的现状。

国务院设立诸中央政府直属部委来执行宪法赋予的职责，是政府组建之初做的事情。理论上，这些部门的职责拼合到一起，应该与宪法赋予政府的全部职责完全契合，每个领域都有部委根据相关法律制定各自专业范围内的政策，实施并监督全国范围内的实施结果，这也就意味着本届政府理论上能够完成法律意义得到授权的全部任务。中央政府下设地方政府，在各级地方政府中，每个中央直属部委理论上都有对应下级部门，理论上可以在全国范围内将各中央直属部委制定的专业性政策执行到位。如果条和块之间出现矛盾，理论上在各个层级都可以协调，最高级别是在中央政府层面协调中央直属部委与地方政府。由于所依据的法律、法规以及政策是一致的，理论上可以解决出现的矛盾。

以上是政府条块并存架构的理论依据，在法律上这个架构没有问题。

第二节　“条块分割、各自为政”体制的前世今生

条块之间的关系就是政府行政体制，在不同的历史时期形成适合那个时代的行政体系是顺理成章的事情。从建国初期开始至今，我国的行政体制一直以“条块分割、各自为政”为主要形式，它能够存在那么多年，有其合理性的一面。

“条块分割”与“各自为政”相伴而生。无论条与块，都有明确的工作目标和业绩考核指标，只要达成就算尽到职责，这就是典型的目标管理。理论上，这些分散的目标最后合成的结果就是中央政府所要达成的总目标。在相当长的历史时期内，这种体制有积极、正面的作用，在重新构建国家政治体系、社会形态、产业格局和经济秩序的初期，明确短期目标，强调重点突破，达成任何一个局部目标都具有示范意义，条块分割、各自为政的行政管理体制非常适合这一诉求。

理论上合理有效的体制如果不能与社会发展同步，就会与实际脱节。现在看来体制发展的速度有些跟不上社会进步的脚步。社会发展已经从重视短期目标变为关注长远目标，从寻求局部突破变成着力全面均衡发展，政府也开始从管制型转向服务型，条块分割、各自为政的短板日渐明显，主要表现有以下四个方面。

一、中央政府全面、实时获取条块的真实状态难于上青天

“没有调查就没有发言权”这个论断始于战争时期，在建国后被引申到政府管理决策之中，“调查”被扩展为“调查研究”，从“实事”中求“是”，

内涵包括“眼睛向下、有的放矢、事必躬亲、解剖麻雀、全面调查、由表及里和去伪存真”，强调在不了解真实情况时就不能决策。中央政府要做好顶层设计就必须获取全社会的真实运行状态，但是我们不禁要问，中央政府亲自派员做访问式的调查研究是否现实可行？中央政府日常依靠什么方式和渠道获取各部门和各地方政府的真实状态并借此获知整个社会的运行状态？

其实调查研究更像是一种方法准则，并非信息渠道，派员到基层做调查研究显然不是中央政府日常了解社会实时运行状态的途径。

目前中央政府获取社会运行状态的方式和渠道大致有国家统计局、各部门和地方政府的汇报、新华社内参、各种形式的媒体（报刊、电视、门户网站、网络社交媒体等）、舆情报告、信访、中央政府派出的调查团队撰写的调研报告、专项社会调查和普查等。由于中央政府对各部门和地方政府没有要求实时搜集和呈现运行状态信息，而各部门和地方政府的定期汇报对于报告内容、详细程度等又拥有极高的决定权，因此，这些由部门和地方政府撰写的报告，其内容犹如被咀嚼后的馒头，与真实相距甚远，要么报喜不报忧，要么夸大困难程度以获得中央政府的额外支持，这类现象已经成为常态，从其他方式和渠道所获取政府和政府性机构运行信息的真实性同样有赖于部门和地方政府的开放程度。在“谁的孩子谁领走”的大原则下，通常部门和地方政府选择对外封闭实时信息渠道，只在层层过滤之后发布有限信息，不管前来了解情况的人是谁，回避、隐瞒、虚构等现象普遍存在。

当前中央政府获取社会运行状态的方式和渠道

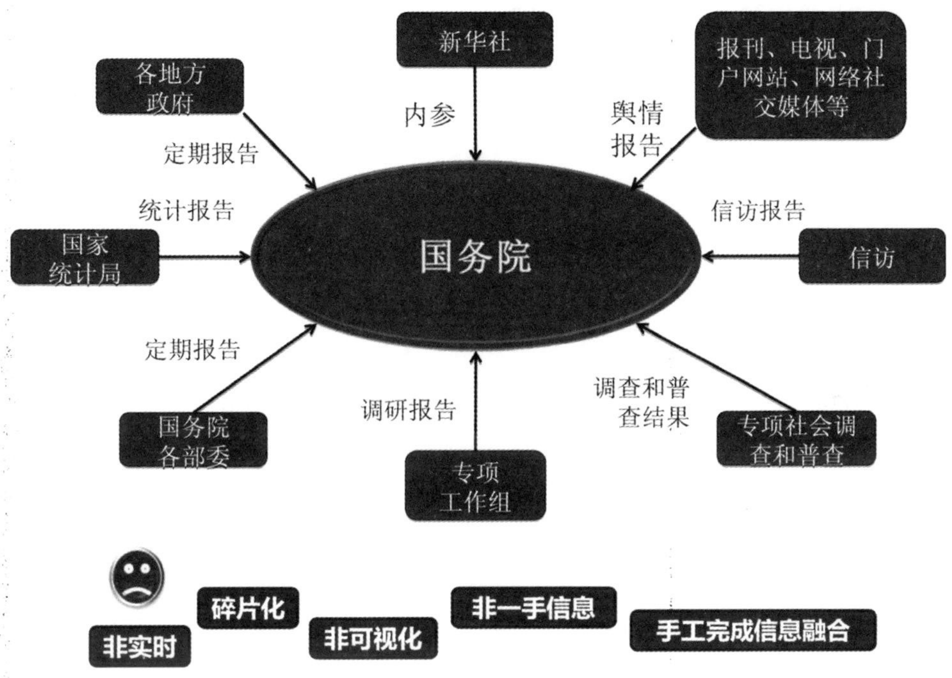

【注意】 条块分割、各自为政的行政特点是部门与地方政府全权负责保一方平安，任何问题都要在内部解决，实时向外公开运行状态非但并不能获得额外支持，而且会给上级留下办事不力、能力欠缺的印象，因此它们更倾向于封锁实时运行状态信息，有选择地向上汇报，其结果是中央政府也不能全面、翔实和实时地获得整个社会的运行状态。

二、条块之间壁垒森严，难以解决需要多个部门、多地政府协调的问题，需要依靠“能人”而不是制度良性做成事

“谁的孩子谁领走”是比较形象的比喻，指各部门、各级政府要管好自己的事，保证不出问题，出了问题就要拿行政领导是问，于是就出现以下现象，一是出了问题先撇清自己的责任，以致事项在不同部门和地方政府之间踢皮球，例如食品安全问题；二是为了不出问题索性少做或不做事情，如某重要时段禁止餐厅营业以防止发生安全事故；三是禁止向外透露任何信息，不愿意如实向公众依法公开行政信息；四是出了问题先想办法捂住，如发生安全事故时故意瞒报等。凡此种种，不胜枚举。在这个前提下谈政务信息化，其结果就是每个部门、每个地方政府都有彼此独立的信息平台，平台上只呈现想要呈现的信息而不是全部信息，部门之间互联互通协调解决问题的解决方案几乎为零。新信息技术在此情景下更会强化彼此间的壁垒，以车辆行驶中发生火灾为例，与之相关的有 110 警务系统、120 公共卫生救护系统、119 消防救灾系统、122 道路交通安全系统、96166 公交公司服务系统和 12328 交通运输服务监督系统等，无论哪个系统接到报警，目前都不能实现警情信息自动分发，不能实现各救援系统联动。如果这些独立的系统采用了互联网 +、物联网和大数据等技术，独立性得到加强，壁垒更加森严，对于各系统之间的互联互通则没有太多贡献。而对于大数据技术，应用前提就是有海量数据可用，在各系统彼此独立、信息不能共享的阶段，大数据技术几乎无用武之地，即使勉强用于内部数据，其功效亦有限，不能发挥其应有的作用。

有些城市意识到联动受限的问题，以“平安城市”为题尝试城市应急响应联动系统，将与城市安全运行有关的部门放到一个互联平台上。信息产业

界以此为基础又引进了“智慧城市”的概念，将民生、环保、公共安全、城市服务、工商业活动等领域的信息放在一个平台上，实现城市智慧管理和运行，实现可持续成长。这些尝试遇到的最大问题就是目前政府行政体制仍然是条块分割、各自为政，各个部门和地方政府之间的壁垒并没有因为联动平台的建立而消亡，因此它们愿意分享出来的是“有限真实”信息，它们的行为依然听命于原有的行政体系而不是随联动系统而动。此前有很多建成的智慧城市系统由于行政体系没有进步，最终的结果是投资建设了强大的信息平台，坐等体制改革打破条块之间的壁垒。

我国基本上还是一个政府管理型社会，法律授权给政府做的事很多，对于政府的服务对象，也就是各企事业和公民个人而言，政府采取条块分割、各自为政的方式运作六十余年，各部门和地方政府形成了各自的行政套路，无论是成功经验还是失败教训，虽然有阶段性总结，但很少通过研究、分析和讨论转化为运行规则和流程，大都没有落实为文字成为可资传承的知识遗产，不具有推广和执行的可能性，正相反，它们只是在这个部门、这个地方形成规定与诸多不成文规定（即潜规则）的复合体，以师徒相授的方式代代相传，每一代都有新东西加入，都有变异。不论部门如何撤并、增减，这些经验都会随着事项和人员流动，生生不息。企事业和个人为了办成某件事须游走于各政府部门之间，对规则和那些不成文的规定都要搞得很清楚，最后能协调各部门之间的关系把事做成的是所谓的“能人”，就是最终能抓住老鼠的猫，循规蹈矩反而常常做不成事。能人们的长处是在权力的空间里长袖善舞，打法律法规的擦边球是他们的必备技能。对于一直处于转型中的社会而言，他们确实功不可没，同时也很难独善其身。

良性的制度能发现法律法规中的矛盾和缺陷，并通过法律规定的方式加以调整，鼓励人们指出这种矛盾和缺陷，鼓励制度创新，但不鼓励挑战法律法规、用违法的方式来做成事，更反对用潜规则做事，禁止权钱交易。多届政府都出台过体制改革方案，希望通过撤并部门和简政放权让政府的服务趋于规范、合理和便利，但是每次调整都不能完全解决问题，常常是按下葫芦浮起瓢，就其缘由，一方面是常说的“部门利益作怪”，其实这个说法不准确，部门并非真有什么法外的利益，更多的时候是部门在政治上要为保住自己的部门不被撤销而奋斗，牵涉其中的人，无论处于哪个层级都会盲目地自我保护，在政治色彩浓重的年代，这种现象不但普遍而且是常态。政治考量多了，常常会以妥协作为解决问题的最终途径，以往的体制改革方案往往是多方力量制衡的结果，许多有识之士因此心怀理想、面对现实、遥望彼岸。另一方面是政府究竟要管什么、不管什么、怎么管还处于比较粗放的状态。中央政府强调简政放权，其中一条是将大量事项的审批改为备案，相关职能部门监管上的弱势立刻浮现，以食品安全为例，商户使用非法化学品添加剂究竟应该依据什么法律监管和查处？商户是否应该承受倾家荡产永不准重操旧业的惩罚？安监一票否决是否可以和工商、税务联动？……制度上的关联性如果不能保持一致，简政放权与监管责任之间的关系不明确，权力寻租就会有很大空间，“能人”就会出现，要么就是基层政府的能人，用非法律手段压制商家，这就是“人治”；要么就是商家中的能人，通过寻租的权力暗度陈仓，让备案成为放任自流的代名词，这就是常说的“一管就死，一放就乱”。当然，从顶层设计的角度而言，姑且可以将这个说法当作基层不愿意简政放权的借口，但是从战略上讲，简政不是不作为，放权也不是不管理，对于习惯于依靠教条行政的官员来说，在简政放权的大原则与依然严苛的问责同时存在的时候，他们有困惑是长期条块分割、各自为政的结果，是政府在运行方式上遇到了挑战和机遇。

【注意】"谁的孩子谁领走"实际上是一种顶层设计原则，对于具体的部门和地方政府而言有一定的积极意义，但是做顶层设计的人不应该误认为它是顶层设计中解决全局问题的唯一途径，操作层保一方平安不等于决策层就可以万年高枕无忧，长期以来部门边界确实越来越清晰，大家都自扫门前雪。要求操作层恪尽职守并没有错，但是强化壁垒导致各自为政，使得整个行政管理体系失去了对全局的控制能力，绝不应该是顶层设计的初衷，例如食品安全，现状是各管一段，各自领走了自己的"孩子"而问题还在，说明问题出在顶层设计上。依靠规则与潜规则的复合体来行政的不是法治社会。企业和老百姓到政府办事需要依靠"能人"，政府实现管理目标也需要"能人"，这说明"条块分割、各自为政"体制的劣势已经显现，与服务型政府特征背道而驰，不利于实现依法治国。

三、存在管理缺失的灰色地带

随着历届政府更替，部门和部门之间的职权或有重叠、或有间隙，在时代变迁中，这种重叠和间隙的状况变得越来越严重，重复之处就是人们常说的“谁都管，谁也管不了”的地方，而间隙之处就是所谓的“三不管”。现代政府部门之间职权的重叠和间隙是政府长期运行产生的顽疾，无论是重叠还是间隙，政府都不能实施有效管理，成为“管理缺失的灰色地带”。它们的存在意味潜藏着诸多危机，成为最不可控的领域，天津港“8・12”事故是一个比较极端的典型，从中能够看到监管如何陷落在部门边界的间隙中。然而最危险的不是灰色地带的存在，而是中央政府对于灰色地带的控制缺失，换言之，在危机发生之前，灰色地带本身不会主动宣称这是管理失效的地方，上级政府乃至中央政府真的很清楚这是灰色地带吗？如果知道是灰色地带，又很清楚其中潜藏的危机吗？如果知道，又很清楚危机的严重程度吗？从“8・12”事故发生起，人们都说它是一个重大的“突发意外”，说明任何部门都没有通过有效渠道对它发出过预警，中央政府不知道这是一个危机四伏的地带。

这些地带往往因为事故而暴露，因偶发事件而曝光，除了“8・12”事故，还有“毒奶粉事件”、“中储粮陈粮替新事件”等，政府应对的办法主要是成立高级别的联合调查处理小组，问题处理之后小组解散，又回到各自为政的状态，也就是说联合办公是解决危机的有效方法，但只是临时措施，既不能消除产生灰色地带的土壤，也很难发现其他灰色地带。全国还有多少类似“8・12”事故这样的潜在危机没有被发现？运动式的大检查是发现这类危机的长效机制吗？

【注意】灰色地带有两个特征，一是无政府状态，主事者任意妄为，二是老百姓申诉无门，只能逆来顺受，直至事故爆发，事件曝光，老百姓受到的伤害最直接，政府公信力受到的损害最严重。每当成为众矢之的都会招来口诛笔伐，然而灰色地带的存在却是一种常态，表面上相关政府机构该做的事、该走的流程、该遵守的规程都没有出错，哪怕是走过场，无论是操作层面的政府职员还是老百姓都视为无奈，大家心知肚明。遇到灰色地带，依法治国变成一种良心的煎熬，本质上这是制度设计之殇。

属地化管理与部委直属管理并存时的灰色地带

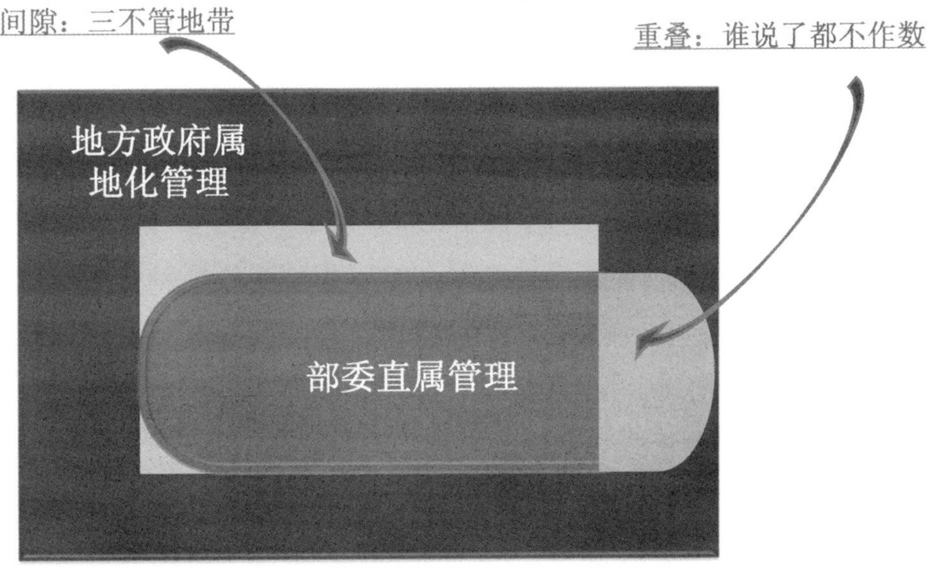

第二章

现代政府行政体制升级

在“条块并存”的政府组织架构中，双重指令 / 汇报关系是一种客观存在。社会发展模式从短期目标、重点发展变为长远结合、均衡发展，从管制型政府转向服务型政府，这种变化是行政体制从“条块分割、各自为政”升级为“条块联动、协同行政”的动力。

第一章着重描述了“条块分割、各自为政”的长处与短板。毋庸讳言，“条块分割、各自为政”是一种相对粗放的行政体制，认为局部好了合在一起也就会好，这在现代社会发展初期确实是有效的。正是因为社会发展模式从重视短期目标变为关注长远目标，从寻求局部突破变成着力全面均衡发展，管制型政府开始转向服务型政府，曾经有效的“条块分割、各自为政”体制出现了诸多短板。社会发展对于行政体制提出升级要求，符合“经济基础决定上层建筑”这一论断，但是应该升级为怎样的行政体制，我们有必要从头梳理政府行政组织架构。

第一节 条块并存的组织架构决定双重指令 / 汇报关系的客观存在

如果“条”是“纵向管理”，那么“块”就是“横向管理”。政府作为运行主体，体量巨大到必须减小管理跨度，“条”和“块”便应运而生，形成条块并存的架构，纵横两个方向的管理体系也因此并存。

理论上，处于管理体系中的每个职位只有一位上级，一位或多位下级（视管理跨度而定），但在现实中却并不如此，许多层级的管理者的上级超过一位，需要接受至少两位上级的指令并向他们汇报工作，形成双重指令 / 汇报关系，请参见下例。

案　例

国家工商行政管理总局与某省工商行政管理局的关系

◎　省局局长应该接受国家总局的指令并向国家总局局长汇报，与此同时，该省也设有分管工商局的副省长，省工商局的局长也要接受这位副省长的指令，并向其汇报。显然，这位省工商局局长有两位上级，与他们形成双重指令/汇报关系。

◎　当省内出现违法经营现象时，国家总局考虑更多的是维护规范经营秩序，省里则可能要兼顾地方的繁荣和保护地方利益，不同的立场有不同的考量。

◎　这种状况普遍存在于不同层级，即中央与省、省与市、市与县、县与乡，有些还会延伸到市与区、区与居委会、乡与村民小组。

由这个简单案例可以发现，在条块并存的架构下，双重领导关系现实存在，是双重指令/汇报关系存在的根本原因。由此可见，条块分割、各自为政并不是体制的唯一选择，条块联动、协同行政在管理结构上有天然基础，下面对双重指令/汇报关系进行具体分析。

指令是上级对下级发布命令，汇报是下级对上级报告，双重指令/汇报关系对应的是双重上下级关系，如前所述，这种关系真实存在与现行行政管理架构中。与单一指令/汇报关系不同，双重指令/汇报关系包括：(1) 各部门的纵向管理指令/汇报关系。(2) 地域横向管理指令/汇报关系。先分别解析什么是纵向关系和横向关系。

一、业务口纵向管理指令 / 汇报关系

在政府和政府性机构，纵向管理体系就是贯穿中央政府到地方政府的职能部门、人民检察院和人民法院，有国务院下设的各部委与地方政府中对应的各委办局，如有文化部和省、市文化主管部门；有最高人民检察院和省、市检察院；有最高人民法院和省、市法院。在这些体系中施行的管理指令 / 汇报关系就是纵向管理指令 / 汇报关系。

纵向管理体系的特点是：(1) 专业性强，纵向管理体系都有明确的专门领域，边界定义清楚，相互之间没有交叉，但是有相互配合、互为服务对象的关系。(2) 整体性强，政府机构的纵向管理体系都和所在专门领域的法律、法规直接相关，无论在中央还是地方，执行同样的法，遵守同样的规，承担宪法规定授予的同样的使命。

纵向管理力度因自身性质而有所不同。政府机构中，有的领域强调高度中央集权，如军队；有的领域强调自身运作的高度独立性，这种独立性是宪法赋予的、政体必需的，如检察院和法院，上述两种机构的纵向管理力度当然非常强。有的领域着重解决问题，分级的同时适当分权，每个层级都有相当大的自主权，如国务院下设的工业与信息化部、农业部、交通部等部门，它们更倾向于纵向管理方式与地域横向管理的有机结合，纵向管理力度相对适中。政府性企业中，也有一些部门的独立性超强，高度集权，如研发（统一调配资源）、质量控制（监督职责所致）、采购（集中采购降低成本）、财务（集权控制要素）、IT（信息化）等，而另一些部门则必须考虑地缘特征，顾及部门间的协调，适当分级分权，如生产制造、市场、销售、人事、物流、安保等。

上述特点决定了纵向管理指令 / 汇报关系的主要内涵。在政府机构中，

高层级以法律赋予的职责为依据，在本领域有管理主责、有权威性，由高层向低层逐级发布指令、低层向高层逐级汇报是一种强制行为。执行层面运行状态向上透明的程度，决定了该领域的运行保障水平，而透明程度受制于指令/汇报关系顺畅与否。

纵向管理仍然是当前我国的主要行政管理方式，简言之，是中央集权，中央领导地方，这种现状决定了逐级向上、层层负责依然是纵向管理指令/汇报关系中最根本的要素。

二、地域横向管理指令/汇报关系

在政府机构，地域横向管理体系就是以地方最高领导为核心的各级地方政府，例如省政府、市政府、县政府、乡政府等。每一级政府中都设立有对应于中央政府各部委的各业务口，这些业务口虽然在业务范围内有上级直属指令/汇报点（即纵向管理体系），但同时还须依法向省、市、县等各级政府汇报和接受指令，形成省、市、县各级以地域为特征的横向管理指令/汇报关系。

区域横向管理体系的特点是：(1) 地域性强，以地域区划为边界定义运行责任、考核运行业绩。(2) 重视综合表现，各业务口、各部门要服从区域综合运行要义，各自的部门利益服从于区域的全局利益。(3) 强调协调配合，各业务口、各部门互为客户和服务提供者的角色更明显，注重协同工作能力，不仅在边界交接处有广泛合作，更多时候需联合办公，共同解决问题。

上述特点同样决定了区域横向管理指令/汇报关系的主要内涵。在政府机构中，省、市、县等地方各级政府是依法成立的地方国家行政机关，是地方各级国家权力机关的执行机关，其最高行政首长依法对所在行政区域的行政负责，与该区域内由中央政府各业务口下设的分支机构形成领导与被领导的关系。各业务口除了履行本职，还要针对所在区域的行政需求，在法律和内规允许的范围内做变通和调整。区域最高首长有可能指定两个及以上的业务口针对某项行政任务联合办公，联合制定阶段性行政规定并联合实施。

三、双重指令 / 汇报关系

通过对纵向关系和横向关系的解析，我们不难看出，这两种关系的复合就是双重指令 / 汇报关系，有双重指令来源、有双重汇报对象。在现实中，双重指令 / 汇报关系确实是一种客观存在，只是在不同的领域两者权重有所不同，例如在政法系统以纵向关系为主，而日常行政管理以横向关系为主，但是如果放弃其中一种关系，则与政府条块并存的结构相违背。

双重指令 / 汇报关系的长处是条块之间信息互联互通、协同行政，短处是当政出多门时，会让具体做事的行政人员无所适从。在条块分割、各自为政的体制下，一方面条块有各自的本位立场，另一方面是“人治”大于“法治”，这种真实存在的双重指令 / 汇报关系长处不能发挥出来，而短处则经常给人带来困惑，听谁的不听谁的往往异化为政治考量，需要依靠某种默契或“不成文的规定”来维系，对于行政无疑是有害的。

【注意】虽然条块并存的组织架构决定了双重指令 / 汇报关系的客观存在，然而在现实中，有些指令 / 汇报关系由法律条文来定义，有些则通过政府公文来定义，有些甚至受制于日常经费的来源而派生出隐性指令 / 汇报关系。因此，如要有效利用好双重指令 / 汇报关系，仅仅承认客观现实还不够，还得仔细梳理相关法律、法规和政府文件，注意可能存在的隐性指令 / 汇报关系。

第二节　在条块并存的组织架构下将行政体制升级为“条块联动、协同行政”

建国初期，民生凋敝，百废待兴，主要依靠政府主导社会发展，集中力量重点突破以保障社会的发展，确定发展目标之后，全社会不惜一切代价向着实现目标努力，政府一手包办政策制定、投资、经营、社会保障等，所形成的“条块分割、各自为政”体制是历史的选择。作为管制型政府。每个条块完成既定的任务就行，行政的综合效果则完全归结为顶层设计的责任，在那个历史背景下是合理的。

时至今日，中国已经成为世界第二大经济体，各行各业形成规模，政府不能保证社会发展的最新创意永远来自于政府，不能总是扮演引领社会发展潮流的角色，再也不能既当运动员又当裁判员，要从管制型转为服务型政府，为社会发展保驾护航。政府需要具备一种能力，实时了解每个条块各自完成既定职责时总体行政效果如何，需要更多地站在战略高度审时度势，用政策来调整各行业发展走向，让顶层设计和决策真正符合社会需要，社会运行的总体态势因此变得非常必要，态势信息的实时性、真实性和全面程度对于战略决策而言生死攸关。在当前“条块分割、各自为政”的行政体制下，信息只在条块内部流动，从中央政府的角度而言，每个条块的运行状态信息是非实时、不全面、不透明的，说是黑盒子有点过分，但至少类似于电子系统中的功能模块，它的输入、输出信号比较清楚，但是内部的处理过程以及状态并不实时呈现，上级只要求这个模块保证输出信号正确就行，对应于政府即相当于每个条块保证自己这一亩三分地不出问题。然而政府运行与电子系统之间最大的区别，在于电子系统在设计完成之后，其内部过程其实是清晰、受控的，只是表面上像一个黑匣子，而政府机构的某个单元封闭运行的时候，内部过程并不透明，行为规范性亦因人而异，即使在一个阶段不出问题，内在的风险依然可能慢慢积累，在一定条件下转化为突发的危机，但是风险积累与危机即将来临的状况却并不易为外界所知。与此同时，条块各自为政，程式化的管理方式非但不能给社会带来新机遇，条块之间的衔接不畅甚至会阻碍社会发展，唯教条而又条文不足时，就给懒政和不作为留下空间。

社会发展模式的变化是现代政府体制升级的原动力，在这一点上我们不妨看看军队是怎么做的。说来有趣，科学技术的发展是人类文明进步的重要组成部分，而最前沿的社会科学理论和技术成果却往往发端于军事领域，运筹学、机械制造、核技术、信息技术、生物技术等都如此。看上去战争是毁灭人类文明的杀手，但是人类总是要用最极致的智慧和最大的投入在军事领域取得突破性优势，或许这是人类自我保护的本能所致，所以人们总是能从军事领域的前沿探索中获得启发，借最新思想和技术成果为非军事领域所用，运行管理即如此，与军队从各军兵种自成体系到联合指挥作战体制的转变异曲同工。

2015 年 9 月 3 日纪念中国人民抗日战争暨世界反法西斯战争胜利 70 周年大阅兵，27 个装备方队按照地面突击、防空反导、海上攻防、战略打击、信息支援、后装保障 6 个作战模块编组亮相，空中的预警机梯队、海上巡逻机梯队出现了多型飞机混编，尽管阅兵场合不适合展示多军兵种联合作战，但还是显露了联合作战指挥体制的端倪。可以看到，军队的信息化并不仅仅是海、陆、空、二炮等军兵种自身的信息化，而是通过综合电子信息系统将传统的陆、海、空、二炮的集团军分立体制转化为联合作战体制，这种变化的动力就是因为战争模式发生变化，从单一兵种的对抗发展为多兵种协同作战，从单纯的陆地或海洋作战发展为陆、海、空、天一体作战，各军兵种联合为一个作战单元，接受统一指挥，协同作战。这种变化并非刚刚发生，20 世纪 90 年代初两伊战争期间已成热点。在这个不进则退的年代，联合作战体制并非一种时髦，而是要将这一概念真正变为现实中的作战能力，是关系到生死存亡的抉择，支撑联合作战体制的是综合电子信息系统。

现代政府身处的形势看上去没有那么凶险，但实际上面临同样的战略抉择，不进则退的法则很残酷，社会发展模式变化如此之大，最明智的做法是正视现实。社会的运行不同于作战，在我们从军事上得到的启发是：作战样式的改变需要指挥控制体制升级，至于如何升级，当然不能照抄军事领域的做法，还是要回到政府本身。

我国现代政府的行政组织架构是条块并存，所对应的是双重指令 / 汇报关系。既然双重指令 / 汇报关系是政府架构中的客观存在，所对应的体制既可以是“条块分割、各自为政”，也可以是条块之间联动与协调的体制，我们姑且称之为“条块联动、协同行政”，其具体内涵在下一节阐述，这里先强调两点：第一，“条块联动、协同行政”不需要打破政府现有组织架构，所以它是体制升级，不是体制革命，它并不改变政府组织架构总原有的汇报关系，而是要扬长避短，让客观存在的双重指令 / 汇报关系的长处充分发挥出来。第二，“条块联动、协同行政”强调条块之间的一盘棋意识，并不是要否定条块各自的专业性和法律授权，条块本身依旧存在，顶层设计要为条块之间的联动和协调制定运行规则和流程。

既然我们都很清楚“条块分割、各自为政”体制的短板已经不适应社会的发展模式，不利于转变为服务型政府，不利于从“人治”向“法治”的转变，就得从体制上寻求出路，“条块联动、协同行政”体制就是这样一条出路，它能充分发挥双重指令 / 汇报关系的优势，加强不同部门、机构之间的互联互通，打破信息封闭的藩篱，避免无休止的协调和等待，非常符合当下从管制型政府向服务型政府转型的需要，是现代政府行政体制的未来。在升级之后的体制中，接受双重领导的下级完全清楚地知道如何用预案应对出现的事件，而不是领导怎么说就怎么做，以“人治”取代“法治”，一举一动都要等上级指示。

在还没有进入理想的“法治”时代，需要在“人治”与“法治”之间搭一座过渡之桥。运行管理是支撑“条块联动、协同行政”体制的工具，工具先行，它能够搭起这座过渡之桥，例如充分依靠运行管理中的态势信息，在各个层级共享运行态势，让事件原原本本地、透明地呈现于各级管理层，即使“上级”仍然习惯于指令“下级”，不同上级对同一事件发出的指令也不应该离“法治”的判断太远甚至相左，有助于在尽量减少分歧的前提下，从“人治”向“法治”过渡。

【注意】通过现代政府行政体制升级的分析可见，现代政府的组织架构是条块并存，双重指令 / 汇报关系是一种客观存在，以往形成的“条块分割、各自为政”体制虽然曾经有正面意义，但时至今日已经变得落后，无法发挥双重指令 / 汇报关系的长处。将体制升级为“条块联动、协同行政”能够使客观存在的双重指令 / 汇报关系扬长避短，帮助政府实现从管制型向服务型转变，能够适应社会进步的需求。

第三节　“条块联动、协同行政”体制的概念与内涵

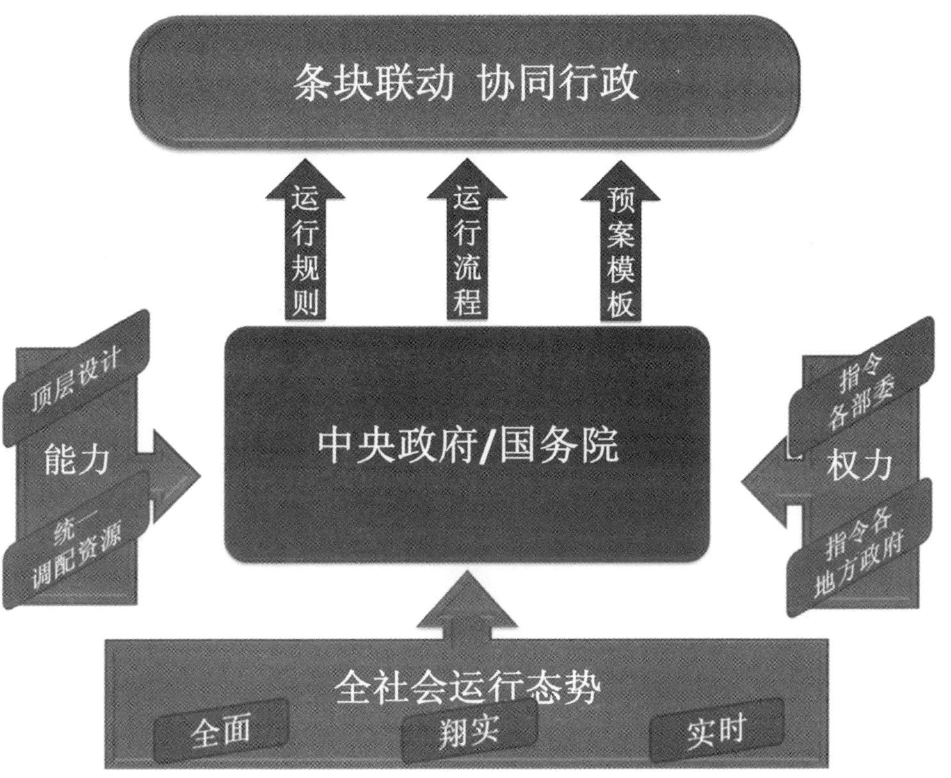

本书第一章分析了“条块分割、各自为政”体制的长处和短板。因为“条块联动、协同行政”体制是“条块分割、各自为政”体制的升级版，所以不是要推倒重来，而是要在原有基础上扬长避短。

一、中央政府通过全国统一的信息平台，全面、实时获取全社会的真实运行状态

我们一直说中国政府具有体制优势，可以集中力量做大事。集中力量做大事不假，尤以改革开放后最为明显，但是我们不可否认，集中力量做大事，常常伴随着社会发展的不平衡，在计划经济时代也有同样问题。无论是计划经济时代还是市场经济时代，在这两个阶段中，中央政府都没有合适的工具，全面、翔实和实时地呈现整个社会的运行态势，在计划经济时代，这一缺憾使得原本具有一定前瞻性、计划性和资源合理配置优势的计划经济模式变成了僵化、宏观失控和失衡；在市场经济时代，这一缺憾使得政府原本可以用法律和政策对市场行为的盲目性和不确定性加以调节的优势发挥不出来，而市场经济固有的缺点反而更明显，诸如重复建设、企业恶性竞争、地域经济发展不平衡等。

因此，我们不能简单地用贴标签的方式评说计划经济时代和市场经济时代。中央政府之所以需要有合适的工具掌控全局，是与宪法赋予中央政府的职责有关。我国宪法第八十五条规定："中华人民共和国国务院，即中央人民政府，是最高国家权力机关的执行机关，是最高国家行政机关。"第八十九条则明确了国务院的十八项职权，中央政府对整个国家负全责，而其他国家并非都是这种情况，中央政府仅得到有限授权的国家很多。这里暂不具体分析别国事务，仅就中国而言，得到如此全面授权的政府，如果不能全面、翔实和实时掌控全社会运行态势，确实很难保证出台的政策与担负的职责相匹配。

中国地广人多，在信息技术不发达年代，完全依靠人工来应对海量信息对于中央政府而言是不能完成的工作，不得已按专业和地域划分条块，施

行“条块分割、各自为政”体制应该是一种退而求其次的选择。如今信息技术发展到了一定水平，完全可以轻松支持建立全国统一的信息平台，呈现全社会运行态势，将它付诸现实，可以让中央政府更完整地履行宪法所赋予的权力。

从宪法授权看，中央政府的体制优势，并不仅仅是集中力量做大事，更不应该误认为优势来自于条块彼此的独立性，体制优势更多地是指中央政府拥有合理配置资源、协调各部门各地方政府统一行政的能力。可以想见，一旦拥有全国统一的信息平台工具，中央政府的体制优势将更发挥更大作用，全国的行政水平将得到全面提高，出台的政策更加体现均衡和持续发展的原则，中央政府的前瞻能力、防范风险的能力将得到大幅度提高。

这个平台除了用于全面、实时和真实呈现全社会运行状态，还可以作为行政行为的监督工具，作为顶层设计的信息基础，作为改革发展的依据。这些内容将在第四章具体陈述。

二、中央政府通过顶层设计，根据法律、法规制定运行规则和流程，实现条块之间的联动和协调，编制预案，将运行流程具体化，应对需要多个部门、多地政府协同解决的事件

1. 关于顶层设计制定运行规则和流程实现条块之间的联动和协调

为帮助理解，下面以 2015 年国庆节期间青岛天价虾事件为背景进行分析。

2015 年 10 月 4 日，来自南京和四川的游客在青岛乐凌路“善德活海鲜烧烤家常菜”用餐，点餐时口头确认的每份 38 元大虾在结账时被要求按照每只 38 元付款。南京游客拨打 110 报警，警官到现场，说不属于管辖范围，建议游客找物价局，随后离开。游客打通物价局投诉电话，对方说已经下

班，要游客打 110 报警。僵持中餐厅老板持铁棍威胁游客，游客再次报警，双方被请到派出所，派出所调解减免部分餐费，但游客认为还是大大超出了应付的费用，民警建议游客先付钱，最后游客付钱离开，拨打了“12345”市政热线进行举报，市政热线根据部门职责将此事分到了市北区相关部门。游客还拨打了“12315”消费者投诉举报专线电话留言。10 月 6 日，青岛市物价局向餐厅下发《行政处罚事先告知书》，告知市北区物价局拟以涉嫌欺诈为由，对经营者处以 9 万元罚款。青岛市工商局做出责令停业整顿并吊销营业执照的行政处罚，同时市北区市场监管局主要负责人被停职检查，对该区物价、旅游等部门主要负责人进行诫勉谈话。

关于政府对这一事件的响应过程，青岛市 12315 指挥中心主任说，整件事符合投诉举报受理的程序，因为市场监管不是一个部门自己做的事情，涉及多个部门。虽然责任有交叉、有边界，但不能让消费者“落在空里”。在投诉问题上，有行政机关已经受理下来的，其他行政机关一般不再介入，以此让行政机关独立行使职责。这位负责人的话说明一个事实，就是各个部门都按照流程尽到了自己的责任，虽然在事发当时没有立即解决，但最后消费者利益得到维护，没有“落在空里”，这已经是目前体制下能做到的最好程度。但是站在消费者的角度，感受是什么呢？报警，警察到场说管不了，应该找物价局。打电话给物价局说下班了，请打 110。再找警察，警察调解减去部分费用，但是不能解决价格欺诈，消费者依然要付远超实际价值的钱才能脱身。因此对于消费者而言，被商家欺诈与威胁之后，任何行政部门都不能帮助他们在第一时间脱离困境，只能忍气吞声。

同一事件，两种截然不同的感受，中间巨大的差别就是管制型政府与服务型政府的差别。现行的大部分行政规则都是按照管制型政府来设计的，原本责任边界明确的各个条块，如果主动与其他条块协同，就会有“捞过界”

之嫌；一个朝九晚五的政府机关要对24小时内随时可能发生事件的领域负责，自身无法解决效率问题。因此，不应该指望“条块分割、各自为政”的体制中主动生长出联动、协同的新局面。向服务型政府转变，中央政府的顶层设计负有主要责任，具体方式就是以服务的最终结果为指向，重新梳理以往由各个条块根据法律和法规制定的运行规则和流程，以加强条块之间的联动与协同为原则，将运行规则和流程升级为适用于多个条块共同执行的文件，每个条块进入的节点和任务都在文件中明确表述，例如假设顶层设计提出的行政原则是24小时随时应对可能发生的事件，那么就要有相对应的24小时工作制度，而不是期望在每周5天、每天8小时工作的制度下实现24小时随时响应。也只有中央政府主持顶层设计的过程中，才最有可能保障规则与流程的一致性。与此同时，负责顶层设计的部门通过现代信息技术的帮助，将历史上各个时期、各个领域、各个地方发生过的事件进行整理，得出事件列表，针对每个事件编制预案，细化运行规则和流程。很明显，在此过程中，对于建国六十多年来体量庞大的经验不应妄加褒贬，而是要当作一座富矿，通过开采获得宝藏。

2. 关于穷尽一切可能编制预案

国家那么大，一定会有人质疑是否有可能将所有的事件真正列出来，政府是否有能力为这么多事件一一编制预案，编制这么多预案是否有现实意义。上述问题可以从两个方面来回答：其一，做事不能凭想象，试过才知道。2008北京奥运会筹备过程中提出要“穷尽一切可能发生的事件编制预案”时，也被质疑过是否真的可以穷尽一切，真正上手做才知道这是完全可以实现的。国家地域虽然大，但是不同城市所遇到的问题、所发生的事件具有类同性，农村也如此，而编制出来的具体预案又具有普适性，并不完全受地域的限制。具体到城市和农村乡镇，根据曾经发生过的事件制定预案列表，其内容就已经能够保证绝大多数情况下，社会的运行能够置于掌控之中。2008 北京奥运会筹备期间，奥组委以北京和其他协办城市为对象编制了预案，内容不仅限于赛事运行，而且涵盖了城市运行的方方面面，是北京奥运会顺利举办的重要保障。且不说那些预案的内容是否过时，仅就工作量而言，我们完全有信心说，这是一项能够完成的任务。其二，好比军队“不打无准备之仗”，政府必须对于任何事件都有正确的、合法的应对措施，这既是宪法赋予的责任，也是必须遵守的原则。如果没有以法律、法规为基础的运行规则和流程，就没有应对事件的预案。如果对于某一事件没有预案，就意味着一旦这个事件发生，政府的行为就完全依靠具体行政人员的临场发挥，不是“法治”而是“人治”，一方面不能保证应对合法、得当，一方面给懒政和权力寻租留下了空间。

综上所述，根据法律、法规制定运行规则和流程，实现条块之间的联动和协同，是中央政府的责任，通过顶层设计完成。根据事件列表，穷尽一切可能编制预案，细化运行规则和流程是可以完成的任务，也是政府行政行为服务于社会的保障。

三、细分服务对象设立“全科医生型”复合功能行政单元，统一服务与监管职责，行政行为对统一信息平台全透明，消除管理缺失的灰色地带

1. 关于“全科医生型”复合功能行政单元

应该承认，现的在各级政府都在努力向服务型政府转型，开通了不少服务热线，并且规定了首接责任制，然而当遇到青岛天价虾这样的事件时，首接责任制完全不起作用，究其缘由，是这种首接责任制只适用于条块内部发生的事件，不是以服务对象为主设计的，或者说，不是以服务对象可能遇到

的事件而设计的。站在服务对象的角度看政府，遇到什么事件、需要政府的哪个部门或哪几个部门来解决一直都不容易搞清楚，在经济高速发展、社会形态急剧变化、政府努力转型过程中尤为不易。作为服务型政府，没有理由要求服务对象——无论是老百姓个人还是企事业实体——成为通晓政府内部机制的专家，更没有理由让服务对象奔走于各政府机关，去解决自己遇到的需要多个部门协调解决的问题。

在不改变行政组织条块架构的情况下如何破局？将政府行政机构前端主动向服务对象延伸是一个选择，在当前政府组织架构中，对于老百姓个体，最接近服务对象的是城市中的街道办事处和农村的乡政府，对于企事业单位，最接近服务对象的主要是城市中的各区政府机构，但是在“条块分割、各自为政”体制中，它们目前是最基层的“块”，以坐等服务对象上门为主，是不是改变工作作风就可以满足服务型政府的要求？事情并非如此简单。服务型政府所需要的面向服务对象的行政前端，从工作人员的理念、素质、能力，到获得的授权和在行政组织架构中的角色，都与当前街道办事处、乡政府和区政府机构工作人员的现状有很大不同，单纯依靠改变工作作风不能真正实现转型，而是需要从顶层设计的高度，纳入体制升级的范畴予以考量，在不改变行政组织架构的前提下实现转型。我们暂且称这个延伸出去的前端为“复合功能行政单元”，其特征可以借鉴“全科医生”的概念，因为两者有很多相似之处，都是身处服务对象近旁，都是组织架构中的最前端，都在提供服务的同时搜集上报状态信息，都有调动系统内资源的权力，都为服务领域的一切事务负责到底。

全科医生的特点如下：

◎ 全科医生具有高综合素质：全科医生是有能力执行全科医疗卫生服务的医生，具有高尚的人文素养、服务大众的意识、综合性专业知识、丰富的经验、卓越的管理才能和严谨的科学精神；

◎ 全科医生以贴近服务方式为社区居民服务：全科医生驻扎于社区，为社区居民提供就近医疗服务、上门医疗服务和巡诊；

◎ 全科医生具有获取和管理信息能力：全科医生掌握社区居民全面、翔实和实时的第一手健康信息，为他们建立各自的医疗健康档案；

◎ 全科医生具有风险预测和防范能力：全科医生能够早期发现并处理疾患，强调疾病的预防，关注社区居民的健康生活方式；

◎ 全科医生具有现场处置权力和能力：全科医生是处理常见病、多发病及一般急症的多面手；

◎ 全科医生具有资源协调能力：全科医生是整个医疗体系的最前端，熟知医疗政策，熟悉体系内各种医疗资源的功能和部署状况，能够在需要的时候为服务对象协调相应资源；

◎ 全科医生的关注焦点始终在服务对象身上：全科医生对服务对象保持不间断的、持续性的、有力度的关注。当病人需要转诊至专科医院时，全科医生并不完全脱手，而是始终陪伴服务对象，为后续专科医疗提供信息支持，直至专科诊疗阶段结束。

参考全科医生的特点，我们对复合功能行政单元作如下描述：

复合功能行政单元是服务对象第一时间可以获得的政府资源。服务对象事先知晓为自己服务的复合功能行政单元成员是谁、联系方式和备用联系方式是什么。复合功能行政单元的成员在上岗前接受过全面培训和考核，明白自己的职责、通过日常走访和巡视靠近服务对象、具备良好心理素质和沟通技巧、熟知运行规则和流程、了解预案并知道自己在预案中的角色、拥有现场处置事件的必要权力和技能，当服务对象遇到事件时绝不仅仅指派到相应的部门就抽离，而是自始至终与服务对象保持联系、注视事件处理进程，陪伴服务对象直至事件得到解决。

因此，当服务对象遇到任何突发事件时，始终能够从这样的复合功能行政单元得到最专业的支持，不至于求助无门；在需要到政府机构办理任何手续时，始终能够获得明确指引，不至于因为不熟悉政府部门条块之间的关系而陷入不知所措的困境。由此可见，复合功能行政单元是“条块联动、协同行政”体制实现条块之间联动和协同的重要环节，以一个集成统一的接口面向服务对象，理顺了条块之间独立性与关联性的关系。

2. 关于服务和监管职责的统一

政府为企事业实体提供服务，也负有监管企事业行为是否合法、合规的责任。将监管作为服务内容的组成部分，实现服务与监管职责的统一。

管制型政府采取的是猫捉老鼠的方式，政府的管控越严，企事业钻空子的愿望越强烈，只要能躲开监管，就如入无人之境，为所欲为，一旦被抓住违规事实，出于社会稳定和行业繁荣的目的，法律规定的惩罚措施往往又不会让违规者伤筋动骨、不能永远将其逐出相关领域，这种现象在“条块分割、各自为政”的体制下尤为普遍，条块之间的分立使得可钻的空子很多、权力寻租的空间很大，“能人”现象应运而生。

在“条块联动、协同行政”体制下，服务型政府为企事业实体提供的服务的内容中，提供专业指引完成既定的法律流程是一方面，另一方面是告知企事业实体应当遵循哪些法律、法规，哪些政府部门将采取怎样的手段和流程对企事业实体进行监管，企事业实体如不遵守会导致怎样的后果等，让企事业实体明确知晓，自己的行为决定自身的信用，决定实体的生死存亡，命运掌握在自己手中。

对于政府而言，为企事业实体服务的终极目标是为它们提供一切便利，让它们在社会中合法、合规地做自己想做的事，监管是政府服务的组成部分，能够证明企事业实体的活动合法、合规，对于服务对象而言是莫大的帮助。

监管以全社会运行态势为信息基础，改变了以往监管部门独立监管的方式，凡是在运行态势平台上出现的与某实体相关的事件，政府都会要求实体做出解释，并上门检查，检查结果同样在态势平台上公开，接受全社会的监督。与此同时，在预案的指引下，需要多个部门共同监管和处置的事项，部门之间的联动与协同是事先定义好的。对于没有发生事件的企事业实体，日常监管依照顶层设计制定的规则与流程进行，其结果同样呈现于态势平台，接受社会监督。

3. 关于行政行为透明

所谓透明，首先是政府所有的行政行为都必须对运行态势平台透明，这意味着所有政府机构的所作所为都对中央政府透明，以保证中央政府通过运行态势平台获得全社会全面、翔实和实时运行状态，这是宪法赋予中央政府的权力。在此基础上，除了相关法律不得对外公开的信息，运行态势平台上的信息依照《中华人民共和国政府信息公开条例》对外公开，接受全社会的查询和监督。

政府行政行为透明有诸多进步意义：首先是中央政府能够掌控全局，顶层设计有的放矢，条块之间的联动与协同有了共同的、清晰的背景；其次，能够最大程度保证运行规则和流程的正确执行、预案的准确实施，浑水摸鱼的机会将大为减少，权力寻租空间将被大大压缩；其三，长期以来被归结为工作作风的武断、懒政、拉关系走后门、权色交易等问题将暴露在阳光之下，影响行政行为的职业操守和个人品行将成为政府官员自觉维护的品质；最后，现代信息技术有了用武之地，通过对行政行为大数据的分析，能够为优化运行规则和流程提供可能的方向、能够有效发现潜在的风险、能够发现潜藏的违法违纪行为等。这部分内容将在第四章详细阐述。

4. 关于消除灰色地带

“条块联动、协同行政”体制之所以能够消除灰色地带，一方面是因为在运行态势信息平台上，条块之间的信息藩篱早已不存在，而另一方面是通过顶层设计和运行管理机制，消除灰色地带生存的可能性。

灰色地带有两种，一是多头管理，一是三不管，两者的后果都是政府管理缺失。

“多头管理”是管制型政府加条块分割所必然产生的结果，既要管、又要分属不同部门管、管的时候彼此又不通气，面对胶着局面，部门要么索性不作为，反正出了事也不是一家的事，要挨板子大家都有份，例如青岛天价虾事件，事发前几天已经有过两起投诉，都没有引起重视；要么鸵鸟政策，耗到出大问题，上级发了话，成立联合工作组突击解决，完事后还是老样子，例如“中储粮陈粮替新事件”。“三不管”主要源于行政规则与流程的缺失，顶层设计没有能力发现管理空隙，例如天津港“8・12”事件，行业主管部门与属地管理部门的职责之间出现的空隙使得政府监管缺失。

在“条块联动、协同行政”体制下，条块的信息都呈现在运行态势平台之上，遵循统一的运行规则和流程，遇到事件都执行统一的预案，各相关部门是否参与、如何参与，有章可循，原先彼此不通气、不协同的多头管理现象可以休矣。基于服务型政府的理念，属地化的复合功能行政单元与辖区内所有服务对象接口，服务与监管相统一，必须将所有服务对象的运行状况汇入运行态势平台，如有信息缺失即意味着服务缺失，运行态势平台会立即发出警告，三不管地带就此失去存在的土壤。

【注意】本节分三个大的方面描述“条块联动、协同行政”体制的概念与内涵，里面已经涉及到了一些运行管理的概念和工具，如果读者现在有疑问请不必着急，这些内容将在后续章节中依次展开，详细阐述。我们在此或许更需要关注体制升级本身，虽然体制升级是社会发展的需要、有必然性、有助于管制型政府向服务型政府过渡、有助于实现依法治国，但是必须看到，体制升级的过程并不一定愉快，真正实现依法治国也有许多痛苦。体制升级之后，一旦失去依靠“能人”所获得的优势，无论是普通人还是既得利益者都会有失落感，普通人对法治社会的公平、亲民和便利怀有疑心，担心再也找不到“能人”帮忙；而既得利益者没有了权钱交易的渠道，一时不知如何按照规则办事，在一段时期内无所适从。因此，体制升级迈向法治社会的过程不仅是制度建设过程，也是社会大众心理调适的过程，顶层设计必须重视，考虑周全。

第三章

运行管理是现代政府行政体制升级后的管理工具

运行管理作为一种工具为体制升级后的政府所用，让现代政府更周到地服务社会、更有战略视角、更有效、更廉洁、更具备自我净化能力。

运行管理主张中央政府提高顶层设计能力，承担更具体的宏观控制责任，决定社会发展战略。

现在是实施运行管理的关键时期，如能抓紧机会实施，现代信息技术成果将助力运行管理，以顺应社会发展，如果错过机会，新技术的应用有可能扩大“条块分割、各自为政”体制的弊端。

军队作战模式的改变催生了联合指挥作战体系，社会发展模式的改变提出了行政体制升级的要求。军队用综合电子信息系统支撑联合指挥作战体系，政府将运行管理作为体制升级之后的管理工具。运行管理与综合电子信息系统出自同一战略思想。

体制升级为“条块联动、协同行政”之后，现代政府一要面向服务对象制定综合行政规则与流程，并将行政经验转化为可推广应用的知识，让直接面对服务对象的操作层（如前文中的复合功能行政单元）具有完备的行政能力，可以应对类别各一、程度不同的事件；二要具备自我监督、自我检查的机制，发现、评估和规避风险，发现需要修正、更新的行政规则。运行管理就是这样的工具，能够满足现代政府的上述需要，应用最新信息技术成果，一方面强化处置事件的能力，应对绝大多数日常发生的事件，维持社会正常运转，让整个社会最大程度地保持安宁稳定，处于可控状态；另一方面让全面、翔实、实时的全社会运行状态信息为顶层设计服务，用自我监督机制消除权力寻租空间，用自我检查机制发现现行法律、法规之间可能存在的不统一、不连续、相互矛盾以及法律法规缺失之处，通过法律规定的方式予以改进。

第一节 实施运行管理不是一场除旧布新的革命

施行现代政府运行管理并不需要改变政府现有的条块布局现状，而是主张在现有条块并存的前提下主动拆除阻隔信息流动的藩篱，用信息平台工具全面、翔实、实时地呈现全社会的运行态势，各条块的行政过程都对这个平台而言透明，实现最大程度的信息共享，行政行为要依照运行规则和流程，行政举措要遵守预案，与事件相关的所有条块在共同应对事件的过程中，实现最大程度的高效和协调一致，更加适应“条块联动、协同行政”体制的需求，这是军事领域联合作战指挥体系对于现代政府实施运行管理的启发。可以看到，各条块间之所以能够实现联动，并不是因为条块间增加了诸如联合调查、联合办公、联席会议等形式上的沟通，而是因为顶层设计加强了综合行政的“战术研究”，制定出相应的运行规则和流程，避免了条块之间以往在沟通过程中本位干扰科学决策的弊端，同时在态势信息平台上，条块各自的行政行为都能够在所要解决的问题上有清晰记录，信息来源多渠道，从而建立起透明的监督机制，谁违反了既定的运行规则与流程，谁不按照预案来应对事件，都能够一目了然，最大程度上压缩了权力寻租的空间。有了这样的透明机制，监督将不再是一场猫捉老鼠的游戏，廉政、勤政、依法行政将成为政府官员自觉遵守的行为准则。

对于政府行政管理而言，这种变化并不是颠覆性的革命，而是一种改进，让政府的行政行为更符合宪法赋予的责任，让行政结果更接近宪法对政府的要求。

第二节　运行管理强化了顶层设计的内涵

视野的维度决定胸怀。客观上，条块的特点就是地域性强、专业性强，让它们来承担行政统一协调的责任未免勉为其难，增强顶层设计的工作力度、实现中央政府对社会运行状态的控制才是合适的。

当“各自为政”转向“协同行政”，顶层设计的任务内涵变得更加具体和丰富。过去有“政令不出中南海”的说法，主要是指部门和地方政府对于中央的政策和政令贯彻执行不力。仔细分析便知，在“条块分割、各自为政”的体制下，以“各保一方平安”的业绩考评方式，部门和地方政府念歪了经并不足为奇，而且即使念歪了，中央政府也很难在第一时间知道。更糟糕的是中央政府的政令从决策出台、部门拟文、会签、下发、落实执行到效果检查，越往后越缺乏具体信息，执行是否到位、执行效果的考核常常不了了之。

面对纷繁复杂的社会，中央政府需要工具来精准掌控全社会的实时状况，将各个部门所获得的信息以宏观综合而又细微直观的方式展现在决策者面前，保证所出台的政策有很强的可操作性与可监督性。顶层设计的综合能力加强了，其权威性才能够得到保障。因此，实施运行管理要加大顶层设计的责任空间，不但要依靠所掌握的社会运行态势制定宏观政策，用具有指导意义的运行规则和流程实现条块之间的协同行政，还要应用现代信息技术，从态势平台上获取行政经验和教训，形成可传递的知识，在全国范围内推广应用，既汇集了数十年来各地政府工作人员在实践中展现的智慧，又能够缩小地域差别、城乡差别，提高边远地区、不发达地区行政水平的起点。同时，顶层设计还要站在更高更远的位置来观察全社会，从民生、政治、经济、科技、国防、人文、外交、自然环境和法律等多个层面综合分析社会发展进程中的过去、现在和未来，承担起为民谋天下的责任。

长期以来，关于政府在社会发展进程中的角色，国内一直存在“非此即彼”的极致现象，左右相争，不亦乐乎。“右”边的说欧美现成的成功经验摆在那儿，拿来用就好，科技、经济都有自由发展空间，社会自然蓬勃发展，明眼人都看得见，何乐而不为？“左”边的则大不以为然，认为中国已经具有独特的体制优势，建国以来的成绩证明由政府主导经济和科技的发展走向是唯一的选择，改革开放以来引的入市场竞争已经为经济发展提供了足够的自由空间，而近些年来政府从管制型向服务型的转变将在更大程度上释放经济与科技发展的自由空间。这种贴上“左”与“右”标签的争论看上去具有宏大意义，但正是因为标签化，争论本身有三个严重问题，一是参与争论的人常常因为站边而不顾客观事实，只要是对方阵营的观点就无情攻击，只要是己方阵营的就极力拥护，失去了争论中应有的聆听、分析和思辨，导致争论上升为阵营之间的政治斗争、“主义”之争，双方都忽视了争论的初衷是要为这个国家找到可持续发展的道路。二是欧美也好，中国也好，都不是一成不变的，争论的双方却常常脱离现实中各个国家的实时动态，论据并不采集于相应国家的各个阶层，只是引经据典，将各自的论据固态化、理想化，使得争议常常失去现实意义。三是忽略了各个国家宪法之间的差异，例如宪法中的“人民主权原则”，不同的国家有不同定义。《中华人民共和国宪法》中明确规定，“中华人民共和国的国家政权属于人民”。欧美的其他国家则各有表述，不尽相同。关于中央政府的权力，《中华人民共和国宪法》中说，“中华人民共和国国务院，即中央人民政府，是最高国家权力机关的执行机关，是最高国家行政机关”。欧美国家宪法在这一点上也是各不相同，例如美国作为联邦制国家，宪法规定以联邦政府（即中央政府）与州政府分享权力的方式国家管理，联邦政府只享有宪法明确列举的授予权力，而未列举的权力归各州政府所有。因此，在没有系统阐述各自道路宪法依据的前提下，笼统地争论“左”与“右”显然没有意义。

显而易见，“左”与“右”之间非此即彼的争论不但浪费时间，而且可能误导政府的关注点，似乎政府所要考虑的就是选择什么道路的问题。事实上，政府并不应该为选择什么道路而困惑，因为那些贴上标签的东西几乎没有一个是成型且适应中国的。例如，泛民主化的国家看似照顾到了社会各个阶层的民意，但是决策过程缓慢，族群撕裂严重，社会暮气沉沉，对于发达国家而言这种状况可能尚无近忧，但是对于中国这样的发展中国家而言无疑要付出放缓发展进程的代价。而欧美那些貌似依靠私有公司、民间力量而兴盛的新技术、新产业，其背后却总能看见政府数十年来持续不断的投资，这些国家在宏观决策与产业引导方面，并非国内很多人想象的那样完全交给市场，政府在其中一直扮演重要角色，只是运作方式与我国不同而已。他们也许没有那么多国有企业、国家所属的研究机构，但是国家可以动员和掌控的研发、制造资源相当巨大，我们不应该被市场决定一切的假象所蒙蔽。

运行管理是行动派，认可左右之争的现实但不囿于争论，而是从争论中看到各自的局限性，主张加强中央政府在宏观决策层面的能力，给政府中的顶层设计者以更大的责任和更大的工作空间，希望他们承担起时代的责任，冷静、客观地总揽全局，博采众长，在宪法所规定的边界内不间断地从战略层面规划中国自己的发展道路。

第三节 体制升级与实施运行管理的关系

实施运行管理的机会已经在现实中初露端倪，如果不抓紧时机升级，体制弊端将更严重。虽然现代政府运行管理是个新概念，但是在近些年的实践中我们已看到过许多有益的尝试和变化，其中较为简单的如城市设立基层政府办事大厅，在一定程度和范围内努力破除条块壁垒，虽然成效有限，但至少人们意识到打破条块分割的必要性。而较为复杂的则是贯彻简政放权，中央政府已经明确要建设“职能科学、结构优化、廉洁高效、人民满意的服务型政府”，简政放权是实现服务型政府的重要标志。各地方政府在实施简政放权的过程中遇到了一些问题，如放权不到位、放权有水分和放权不彻底等，都与“条块分割、各自为政”的体制有关。上述两个动向可以理解为社会发展的需求方向已经很明确，而体制因为没有相应跟上而变得落后，如果不顺势而为，这种矛盾将日益扩大。在体制升级之后实施运行管理，能够顺应社会发展的需要。

与此同时，体制升级也到了最关键的时机。通常意义上的时机指机会，抓住了当然最好，抓不住就要等下一个，然而对于现代政府而言却不那么简单，因为社会发展正处于转折点，抓住了时机就可能通向阳光坦途，如果错过，体制将朝另一个方向走去，后果可能是雪上加霜。信息化大潮扑面而来，大数据、物联网、云计算、互联网＋等新技术如水银泼地，无孔不入，都在寻找各自的土壤顽强生长，如果能够实现体制升级并实施运行管理，这些新技术的功能才会得到充分体现，例如将大数据技术应用于全社会运行态势信息平台，能够全面而准确地提取目标信息，经校验后形成有特定意义的模型、趋势等知识，为决策服务，也可辅佐制定预案；将物联网技术与预案相结合，规范行政行为，准确执行运行策略和流程，推动“人治”向“法治”进步；互联网＋在不同专业领域的应用则可以实现政务智能化；云计算技术应用于全社会运行态势信息平台，在运行成本、信息安全、系统可靠性和抗毁性方面具有无可比拟的优势。

现代信息技术是双刃剑，在体制不变的情况下将现代信息技术应用到行政管理之中，看上去能够提高条块内部的工作效率，但同时强化了条块之间的藩篱，就政府整体而言不是进步而是退步。常有人将现实中的“条块分割、各自为政”视为管理效率低下的根源，认为应用现代信息技术就可以提高效率，一时间，互联网＋、云计算、物联网、大数据技术等成为炙手可热的标签，纷纷走上前台。实际上，“条块分割、各自为政”只是结果而非问题根源，管理效率低下的根源是“各保一方平安”的行政业绩考核模式，既然是各管各的，条块的边界自然要特别清楚，各人自扫门前雪，莫管他人瓦上霜，最终走向“条块分割、各自为政”。如果“条块分割、各自为政”的体制不改变，这些技术就会在分割的条块内部生长，其结果是增强条块的独立性，强化条块间的壁垒，极有可能加深体制与社会发展之间的矛盾。最新的一批智慧城市方案都不约而同地提到了城市运行基础数据库和公共信息平台、统一公共服务平台、跨系统协同服务平台等，这些都是需要打破条块分割格局才能实现，如果不能改变现状，不仅错失良机使巨额投资得不到应有的回报，而且会因为新技术的错误应用扩大体制弊端。

运行管理当然是伴随着现代信息技术的发展而诞生的，因此有一种观点，误以为是现代信息技术的最新成果要决定政府未来的体制，这当然不对。事实上，任何时候体制的进步都是社会文明发展需求所致，技术只是为体制进步服务的工具，体制如何进步、朝向哪个方向，不是由现代信息技术本身决定的。大数据、物联网、云计算、互联网＋等新技术已经摆在眼前，既可以用来升级政府运行体制、更好地服务社会，也可以用它们来强化条块之间的藩篱，关键还在于负责顶层设计的机构和具体工作人员准确把握体制进步的方向和目标，体制要迈向条块联动、协调行政，需要引入运行管理的思想和工具，现代信息技术可以帮助实现以往不能实现的功能，因此，现代信息技术的最新成果并不是用来决定体制进步的方向，而是在发展方向和目标确定之后提供有力支持。

【注意】行政体制升级不是一场革命。承认政府条块并存的组织架构，将运行管理作为一种有效工具，为体制升级后的政府所用，可以让现代政府更周到地服务社会、更有战略视角、更有效、更廉洁、更具备自我净化能力。运行管理主张中央政府提高顶层设计能力，承担更具体的宏观控制责任，决定社会发展战略。现在是实施运行管理的关键时期，如能抓紧机会实施，现代信息技术成果将助力运行管理，以顺应社会发展，如果错过机会，新技术的应用有可能扩大“条块分割、各自为政”体制的弊端。

现代政府体制升级后的运行关系示意

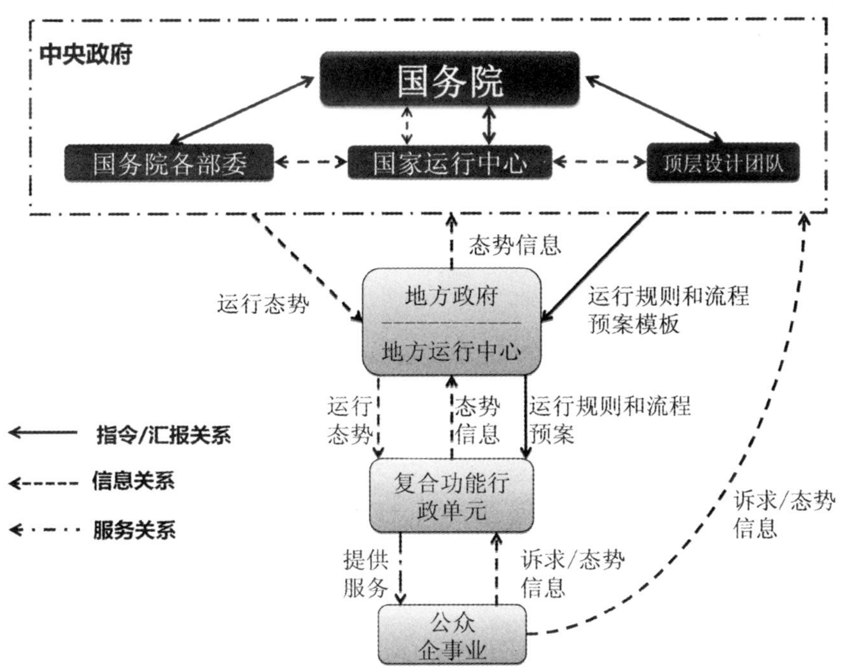

下 编

现代政府运行管理体系构成

下编要点

本书上编主要讲述了现代政府行政组织架构、体制现状、体制升级以及运行管理可以做什么，下编将展开叙述现代政府运行管理的具体内容。作为一种管理思想和工具，运行管理不仅适用于升级之后的“条块联动、协同行政”体制，在“条块分割、各自为政”的体制中也可以应用，只是应用的程度比较低，但好处是在建立起运行管理概念之后，有助于大家更清楚地认识到体制升级的必要性，也能够在体制升级的过程中帮助实现平稳过渡，因此下编各章节的内容都不以某一种行政体制作为背景。

要管理好一个国家，当然要了解整个国家的运行状态，我们称之为“运行态势”。运行态势包括三个层面：一是事件层面的运行态势，告诉管理者这个国家的各个领域都发生了哪些事件、这些事件的严重程度如何、事件是否处于可控范围之内；二是风险层面的运行态势，反映全社会运行中存在的潜在风险，专业人员对风险进行评估，提出风险控制方案供管理层决策；三是诉求和改革层面的运行态势，来自体制内外和社会各阶层的诉求是社会焦点，能够反映现行法律和制度中可能存在的问题，体现的是民意，但并非所有的民意都理性，需要管理者冷静甄别，给出有理有据的答复。从诉求中发现改革契机并加以实现，对非理性诉求给予有说服力的回复，诉求和改革层面的运行态势反映的是社会进步的进程。第四章对于上述三个层面的运行态势有详细描述。

事件、风险、诉求三个层面的运行态势，对应着政府三类不同性质的工作内容。

一、事件用预案来应对，预案的编制和使用要遵从运行规则和运行流程。运行规则指导下制定的运行流程相当于政府维持社会稳定运转的框架，其中需要填进实实在在的解决方案，这些方案就是预案。第五章将详细阐述什么是预案、预案如何编制和演练。“正确地做事”意味着用正确的方法解决问题，运行管理的特点就是“不打无准备之仗”，依靠事前确定的预案解决问题，而不是临时“拍脑袋”。预案的正确程度取决于对此前相当长一段时间内该领域经验教训的总结和分析，严格执行预案是保证“正确地做事”的前提，每一个具体的执行者并不对预案本身负责，而是由预案制定团队负责，顶层设计把关，如此可以将个人判断失误的影响降到最低。为维持高标准运行管理水平，所有预案都必须定期演练。

对于可能发生的任何事件，要穷尽一切可能做预案。预案的命题并非空穴来风，以往发生过的各种事件都是预案题目，对以往每一个事件都制作预案，就能够在同类事件再次发生的时候从容应对。

需要注意的是，预案的启动机制是包括在运行流程中的，何时启动什么预案来应对某个事件是运行流程的重中之重。我们不是一再强调要变“人治”为“法治”吗？由流程来启动预案而不是行政领导的命令，就是“法治”取代“人治”的第一步。要知道流程启动预案的合法性与合理性，请详阅第五章。

二、对付风险的手段是预测、评估和控制，这方面的专著很多，本书不再赘述。所要强调的是，在运行管理体系中，要充分用好体制内与风险预测、评估和控制有关的部门，让他们的工作成果在运行管理平台上互联互通，同时引入第三方独立机构，使得风险预测、评估和控制既有很强的专业性、独立性，又不浮于表面，真正达到事半功倍的效果。这部分内容篇幅较小，不宜独立成章，在第四章阐述风险层面运行态势时一并写了。

三、事件和风险有了合适的应对方法，将运行态势置于可控范围之内，就意味着国家达到了维持基本运行的水平，余下还有一项要紧的工作，就是改革，一是现行体制、法律法规的修改完善，二是寻求深层次突破，在掌握信息更全面、更透彻的条件下，构建新体制。运行态势中来自体制内外、社会各阶层的诉求，为政府呈现了社会焦点，对它们进行梳理分析，可以得出改革的需求和方向。第六章将改革分解为“调整”和“创新”两个方面，分别加以阐述。

最后的第七章将讨论如何实施运行管理。运行管理通过一个真正的机构来实施，对于国家来说，这个机构就是国家运行中心。它并不是一个新机构，而是行政管理机构在应用信息技术之后的升级版，因技术发展而诞生。在信息技术不发达的年代，社会管理的方式、手段都有各自的格局，如今技术的发展达到了一定成熟度，政府管理机构以新面貌出现是顺理成章的事，原则上并不是横空出世的新事物，而是不同历史阶段管理模式的进步。

需要强调的是，运行管理机构不是简单的决策者平台，绝大部分运行机构工作人员也不是决策者。运行管理机构中人员的职责源自法律授权，没有改变。运行管理中心依靠密集的信息渠道，汇总和呈现运行态势，帮助从决策者到一线工作人员实时、客观、详备地共享当下状况，以法律法规为依据的运行规则和流程能够保障平稳运行，事件发生时，绝大部分情况下不需要临阵决策，而是依据完备的预案、按照应对事件的流程解决问题。与此同时，依靠强有力的风险预测和评估机制，提醒和帮助决策者防患于未然。简言之，对于日常工作而言，运行管理机构是解决问题的工作平台，对于危机和重大事件，它是最高决策团队手中的工具。运行管理机构不会因为拥有强大的资源而剥夺最高决策团队的决策权，决策权是法律赋予的，决策者本身就处于运行管理机构之内，运行管理机构内的资源能够为决策者提供诸多可能的解决方案，用高度现代化信息技术提供帮助，目的是为决策者做出正确判断和选择。

为表述清晰、简洁，我们在此引入一个新名词：业务口。政府及政府性机构的各专业部门统称“业务口”，如工商、税务、公安、市政、公用事业、医疗等。

第四章

运行态势

运行态势是对全社会运行状态的准确描述和呈现，体现了政府的行政结果。运行态势信息包括事件信息、风险信息和请求信息，帮助政府全面掌握社会运行状态，协调资源应对事件、防范风险，并为体制创新提供依据。

第一节 什么是运行态势

政府行为的前提应当是对社会全局有全面、翔实和实时的了解。全社会全面、翔实和实时信息的集成就是运行态势。

运行态势由体系化的信息内容和信息渠道构成。运行态势通过信息技术实现，不仅能从面上呈现当前社会的总体状况，也能从深度上反映各领域、各区域的细节，也就是说，借助信息技术所呈现的运行态势是既有广度也有深度的三维信息。

每个国家都有各自的生命周期，从诞生之日起就有所谓的“理想状态”或曰“正常状态”，理想状态能保持多久，往往能决定其生命周期的长短。国家的理想状态是以法律形式确定的，在中国，由全国人民代表大会批准的宪法对国家的理想状态有概念性描述。中国政府自从受命于全国人大组建的那天起，所有的工作都是以实现“理想社会”为终极目标。

第二节 运行态势的重要性

全社会运行态势体现了政府行政的结果。政府应当想尽办法努力获得全社会运行态势，以合适的方式加以真实描述和呈现，一方面可以清楚地知道现实与理想的差距——这些差距就是政府未来的工作重点；另一方面向公众展示一届政府的行政能力——现实社会越接近理想，其行政能力就越强。

政府依据宪法所制定的法规、政策和条例在理论上都是为了实现宪法所设定的理想状态而存在。现实的运行态势与理想状态好比一架天平的两边，如果政府的所作所为不能满足宪法的要求，或者违背宪法，政府就无法实现和维持社会的理想状态，就将走到生命周期的终点，被另一个政府取代，继续履行依宪行政的职责；如果政府制定的法规、政策和条例符合宪法的要求，但是执行不力，或者无法解决社会问题，同时又没有能力发现缺陷和改正错误，这样的政府同样终将走向灭亡。理论上理想的、老百姓满意的政府真实存在，关键在于政府是否能够让社会运行态势无限接近宪法中描述的理想社会。

一、运行态势是正视现实的工具

政府有生命周期，国家也同样不会万岁。理论上国家的理想运行状态就是政治自由民主平等、百姓生活安居乐业。如果执政者不能完整、准确、实时地了解国家的运行态势，不重视运行态势中所呈现的真实问题，社会就可能走向动乱，危机就将变成灾难。历史上，一国生命之初，大都在纷争平息之后，而终点，往往落在动乱和战争间，导致败落的原因，大致都是在经历盛世之后没能坚守国家的理想状态，腐败与奢靡泛滥，引发社会不公和贫富分化，人为地制造出新的赤贫阶层，被社会精英带领引发革命。也有执政者，自以为可以凌驾于百姓之上，更改国家的理想状态，以为百姓会一直俯首帖耳、忍气吞声，到头来，不是窃国者人头落地，就是为外敌所掳，国家衰亡。现代社会同样如此，即使执政者有危机意识，如果缺乏合适的工具描述和呈现社会真实态势，依然有可能为假象所蒙蔽。

二、运行态势是实现持续、稳定运行的保障

运行管理从全社会运行状态入手，以维持社会的“理想状态”为要义。

保持理想状态，一要依靠正确的运行规则和流程，二要依靠纠正偏差的能力。真实呈现的运行态势能够帮助政府有效地发现现实与理想状态的偏差，从而可能迅速地纠正这种偏差，同时还能够发现潜在的风险，发现导致偏差的体制缺陷，提出防范偏差的解决方案和途径。

三、运行态势是运行管理的基础

无论是否对大数据技术有兴趣，无论是否应用大数据技术，我们都毋庸置疑地处于大数据时代，信息资源和空气、水一样，不管你在意与否，它就客观地出现在那里，当然不该视而不见。其实大家都开始慢慢意识到，谁掌握了源数据，谁就握有主动权；谁能够在源数据上挖掘信息，谁就拥有了核心竞争力。运行态势由体现全社会运行状态的源数据构成，运行态势平台是中央政府主持建立的信息平台，具有排他性和权威性，其贡献体现在两个层面：一是实时呈现全社会的客观现实，同时对行政行为起监督作用；二是给现代信息技术以用武之地，例如大数据技术可以以此为信息基础，为社会运行服务，为顶层设计提供多领域、高关联性的数据挖掘结果，为决策层提供决策依据。两个层面的贡献涵盖了运行管理的主要内容，是运行管理得以实施的重要基础。

【注意】运行态势的重要性不言而喻，信息技术的发展令我们有条件获得现实中全社会的真实状态，中央政府应当珍视技术进步所带来的益处，善加利用，更高水平地完成宪法所赋予的使命，造福百姓。

第三节　态势信息的来源

运行态势不是虚构的概念，而是由体系结构明确的信息集成。为了保证运行态势能够真实、翔实和实时反映现实社会，态势信息本身和获取信息的渠道都是体系化的，通俗地讲，态势信息分门别类，分类方式与政府和公益服务企事业机构的体系结构相对应。

态势信息有两大来源：一是政府和公益服务企事业机构，包括工作中产生的信息和所主导的民调信息，政府和公益服务企事业机构的内部信息渠道都与其内部组织架构相对应；二是公众，来自公众直接反映问题的渠道。

一、政府和公益服务企事业机构渠道

运行管理的主持者是政府，从法律身份看，一级政府对属下各级机构有管理权，对于公益服务企事业机构，则没有直接管理权。运行态势信息所涵盖的范围既包括政府本身，也必须包括公益服务企事业机构，需要厘清各自的法律关系，建立合法渠道获得态势信息。

政府各部门和纳入财政预算管理的政府性机构，应当按照预先设计的态势信息格式和渠道，定时报告各自的运行态势。

对于有市场准入的行业，虽然各企事业机构与用户以各种合同形成服务契约，但是因为由政府承担准入审批的责任，所以政府必须对这些企事业机构的行为进行监督，例如市政和公用事业、文化服务机构、电信、石油和天然气、邮政、民用航空、公共交通、出租车等。向政府提供本行业运行态势信息的义务应该纳入市场准入条件。这些信息应该不包括商业秘密，如果企

业定义的商业秘密涉及公众安全，则应当判定不属于商业秘密，例如核电厂周边核辐射安全范围。

那些对民众日常生活有重大影响的行业，如生活必需品供给、住房等，尽管属于充分自由竞争的行业，也要关注其运行态势。政府可以通过行业归口管理部门间接获取态势信息，信息的内容和获得渠道必须合法，例如可以采取与第三方独立调查机构合作获得。

定期自主或委托独立调查机构向公众发放问卷，是获取社会运行态势的重要方式，政府主导的有人口普查、不动产登记等，委托第三方独立调查机构的主要是专项民调，例如对于延长退休年龄政策的民调等。

二、公众渠道

面向公众的渠道究竟有多大作用？大到超出很多人的想象，让我们先看一个小案例：人行道破损

案　例

人行道破损

人行道地砖破损，行人在雨天走过时会溅到污水，严重时会摔倒受伤，但是目前并没有供普通人反映这个问题的渠道；该路段的清洁工了解这个问题，但反映这个问题不是他的职责；该路段的养护工班知道，但是在破损面积不够大的情况下，不会安排修复，也不会向上级反映。从养路工班的上级开始直到城市的最高行政领导，都不会知道这个问题的存在，所以这处破损会一直在那儿，一年或更长时间，直到重新铺设整条人行道。

一旦有了供公众直接反映问题的渠道，这个人行道破损的问题会被记录在态势信息中，转给负责该路段的工班予以修复。然而民众直接反映问题渠道的意义远不仅于此，更大的作用是：

◎ 可以根据路面出现破损距竣工时间的长短和破损报修的数量，追踪该段道路施工单位的工程质量，无论竣工验收结果如何，实际发生的破损足以说明实际质量的高低。

◎ 当同属一家施工单位的路面出现破损的数量足够多时，就有充分理由审查这家施工单位的资质、中标过程、工程验收等环节，看施工单位是否存在偷工减料、监管部门是否存在失职和腐败等问题。即使没有违规违法行为，至少要将这家施工单位列入施工质量低下的“黑名单”，建立正向淘汰机制。

◎ 当城市内同类人行道普遍存在同样的破损问题时，可以组织专业机构剖析事因，是结构设计问题、施工工艺问题、施工组织管理问题，还是施工人员技能培训问题等。找到症结，统一解决。

可以看见，小问题直接反映到职能部门，有时得不到重视，问题可能久拖不决，变成死循环。这些问题积累多了，不仅影响民众的实际生活、降低对城市管理的评价，还会掩盖埋在微小表象之下的深层问题。如果能够摆脱部门限制直接反映并记录在态势信息中，部门内的任何一个层级就不再能自我掩盖，必须转而加强自身行为的规范性和内部监控，而案例中最后描述的正是大数据技术的典型应用。大数据技术也好，互联网 + 的概念也罢，这些新技术、新概念能够直接应用于政府和公益服务企事业机构运行管理的前提，是运行态势信息足够全面、翔实和实时。

【注意】纵观态势信息的来源和渠道，确实以政府和公益服务企事业机构的主动提供为主，这些可以被视为正向渠道。在现行体制下，正向渠道所提供的态势信息常常经过内部过滤后才会释出，例如舆情报告，都是主管部门反复斟酌、修删的结果，即使有问题，主观上通常不愿意上报，更愿意自己解决处理了事，免得上级认为本部门办事不力。这么做的直接后果，是最高层永远不能全面、翔实和实时地知道全社会运行态势，对于长远决策和紧急状况处置都不力，而民众直接反映的渠道就像一股逆向控制力，无论职能部门如何掩盖真相，只要有问题，在这个直通渠道内就会有所体现，职能部门在此情况下只能如实上报态势信息，久而久之，从被迫转变为自觉。这是真正的制度优势，就是利用制度上的反向控制机制使得正向渠道内的态势信息无限接近真实。

第四节　态势信息的分类

一、运行主体的体系结构决定态势信息的基本类别

对于一座城市，理想状态就是安全平稳运行，为这个城市的老百姓提供平和的生活环境，为企事业机构提供运行保障。因此，反映一座城市的态势信息应当涵盖与城市运行有关的所有方面。政府的各委办局等业务部门的运行态势信息是城市运行态势信息的基本类别。

为城市平稳运行服务的部门，既提供服务，也接受服务，互为服务对象，它们中有企业，如供水集团公司；也有政府性机构，如公立医院等。

以上两者应包括全部政府和公益服务企事业机构，运行管理中态势信息的基本类别以此为基础。

二、运行主体可以对基本类别态势信息做结构性分解和组合，以适应运行的不同需求

在现有的“条块分割”式体制下，一些分属不同基本类别的态势信息高度相关，应当从运行管理的角度进行分解和组合，例如市卫生主管部门、疾控中心、公立医院和私立医院的运行态势信息组合为城市公共卫生运行态势，而急救中心、各医院急诊科的态势信息又可以从各自的基本类别中分解出来组合为“城市急诊运行态势”，以便进行急诊救治专项监控和评估。

根据一个时期的工作重点将相关基本态势信息加以组合，有利于精确跟踪事态进展，评估某项措施的实施效果。推荐的常用组合有：

运行态势	相关基本态势信息来源
城市公用设施保障运行态势	水务主管部门、市政路桥公司、公用事业（水电气暖公司）
市民出行保障态势（可用于评估出台的各项相关政策，如小车尾号限行、公交调价、出租车行业准入等）	交通主管部门、市政、公交公司、地铁公司、出租车公司
市民生活品供求态势	物价、质量技术监督和商业主管部门、各大批发市场、各大零售企业、电商
自然灾害态势	环保、气象、消防、地震和防灾减灾主管部门
城市公共卫生运行态势	卫生和计划生育主管部门、疾控中心、公立医院和私立医院
城市公共安全态势	公安、安全和旅游主管部门、各商业中心、各博物馆、各影剧院、各旅游景点、各金融机构、各教育机构（中小学和大专院校等）、公交公司、地铁公司等
火灾等紧急救援态势	水务、公安和消防主管部门、急救中心、市政路桥公司、公用企业（水电气暖公司）
文物保护态势	文物、文化、公安、国土资源、规划、宗教事务、住房和城乡建设主管部门、发展和改革主管部门
教育态势	教育、民政、民族事务、农业和公安主管部门、各教育机构、发展和改革主管部门
财政运行态势	财政、审计、司法和监察主管部门
信息安全态势	经济和信息化、国安、公安和科技主管部门

【注意】伴随体制升级，态势信息的分类是一个渐进过程，无论何时都要尊重体制现状。运行态势信息需要反映真实状况，划分类别以现行体制为基准，无需在设计分类的时候对体制现状提出变更要求。未来体制升级发生改变，分类是否也要相应改变须视情况而定，如果分解、组合已经能够适应这种改变，则可以保持原有分类。

第五节　描述运行态势的工具

运行态势的构成

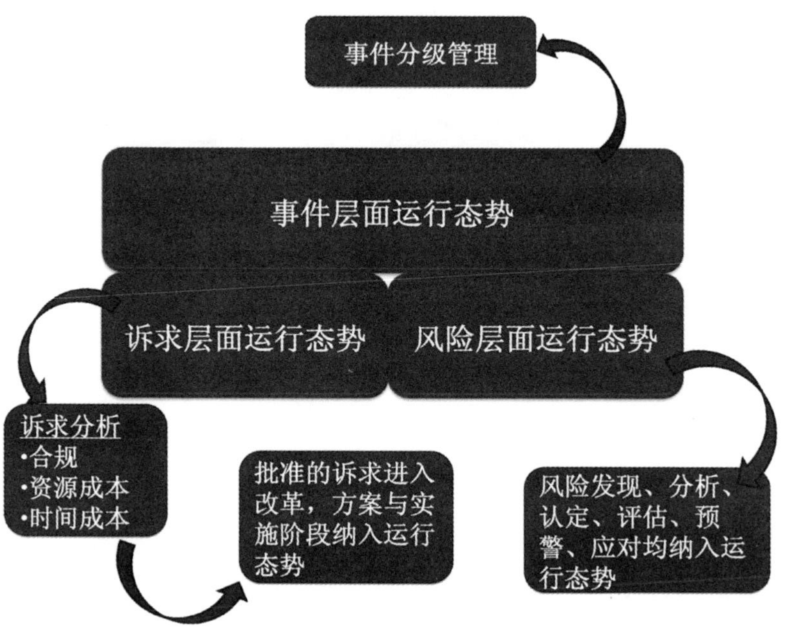

描述“现实与理想状态之间的偏差”包括三个方面：事件、风险、诉求和改革。

所谓“事件”，就是指每时每刻都会发生、都在发生的影响正常运行的问题。以理想状态为参照背景，事件无论大小都会显著浮现，都会给正常运行减分。敏锐地发现问题、及时并正确地应对和解决问题是运行管理的一项主要工作，也是消耗运行成本的主要因素。

所谓“风险”，就是指还没有发生但可能会发生的事件。风险无论大小，一旦发生都会增加运行成本。预测风险并化解风险是运行管理的另一项主要工作。

所谓“诉求”，就是对于在现有体系下无法解决的问题所提出的请求和建议。诉求通常是在一系列的事件发生之后被总结出来的，运行管理要对诉求进行分析和评估，给出“拒绝”或“批准”的结论。对于批准的诉求，要通过“改革”予以实施。

【注意】态势信息描述以真实客观为第一要义，理论上是中立的。对于事件要客观记录、不加评价、不带倾向性和好恶；对于风险要注重证据、全程记录，避免无端揣测；对于诉求无论批准与否都应全程记录，列明所依据的法律和条例，对于批准的诉求，所给出的方案同样要清楚记录依据和实施步骤。

一、事件层面的运行态势

事件层面的运行态势是最为直观的，就是截至目前发生了多少问题、问题的现状如何、问题的严重性如何、是否有解决方案、是否处于可控范围之内等。

在运行管理中，事件按照严重程度划分为四个等级，1 级事件等级最高，4 级事件等级最低。

为了具体说明如何划分等级，现在以城市运行管理为界，将各等级的基本定义和内容示例如下。其他领域可以根据自身特点，参照下述定义和内容具体化。

1 级事件：灾难性事件，即运行体系出现重大问题，导致城市系统运行停顿或接近停顿，造成全社会各机构无法正常工作，引发公众群体性恐慌，或局部事故但有重大人员伤亡等，如：

- 灾害性地震
- 大规模自然灾害（雨、雷电、雪、风、水灾、山体滑坡和泥石流、重度雾霾等）
- 大规模疫情蔓延
- 大规模交通系统崩溃
- 大规模群体性骚乱或武力冲突
- 水、电、气、暖系统中断运行
- 公共通讯系统全部瘫痪
- 生活必需品供应中断
- 大规模火灾或爆炸
- 危险品事故导致大范围人身伤害
- 核事故失控
- 遭受生化武器攻击
- 战争
- 局部事故但有重大人员伤亡

2 级事件：城市整体系统仍能维持运行，但互为备份的系统已经失效，且没有应对进一步恶化状况的资源，或局部系统瘫痪，或局部重大事故仅个别人员伤亡。该级别的事件会导致城市整体运行体系极为脆弱，影响社会各机构正常运行，引发一定程度和一定范围的社会恐慌，属高风险运行状态，如：

- 局部自然灾害（如局部地区被淹没）
- 局部疫情
- 事故导致个别综合性大型医院停止诊疗
- 局部交通中断
- 局部群体骚乱或武力冲突
- 局部水电气暖中断运行
- 全城移动通讯系统与固定通讯系统之一瘫痪，另一仍正常运行
- 局地公共通讯瘫痪
- 电台、电视台、有线电视系统中断播出
- 全城生活必需品紧缺处于零冗余状态
- 局部火灾或爆炸导致个别人员伤亡
- 局地危险品事故导致小范围人身伤害
- 局地核事故
- 局地遭受生化武器攻击
- 重大交通事故
- 严重安全生产事故

3 级事件：城市总体运行基本保持正常，局部领域互为备份的系统失效，或局部事故仅有个别人员受伤。该级别事件会导致城市局部处于高风险运行状态，会影响该地区社会机构的正常运行，但没有对整个城市的运行造成威胁，城市运行管理者完全有条件从其他区域调用资源解决这类事件，如：

- 局地公共卫生事件导致该地区综合性大型医院全员无休上岗
- 主干道损坏或桥梁坍塌造成周边局部交通拥堵

- 局部公共交通运行中断（轨道交通部分停运）
- 局部公共通讯故障
- 局地交通信号系统故障改用人工指挥交通
- 部分有线电视系统中断
- 地区性主要超市或农贸市场临时关闭
- 夜间局部路灯系统故障
- 变电站事故导致单路供电
- 医院供电故障改用发电机供电
- 个别中小学、幼儿园临时关闭
- 较大单体建筑火灾动用地区全部消防力量
- 积雪造成路人受伤
- 无照摊贩现象久拖不决

4 级事件：城市总体运行保持正常，该级事件没有对所发生地区的正常运作造成重大影响，允许用一天或数天时间解决，如：

• 各类关于正规商业企业违规行为的查处记录和投诉（售卖过期或变质食品、销售伪劣产品、旅游欺骗、价格欺诈等）

• 各类关于政府机构违规行政行为的查处记录和投诉

• 各类关于正规企业违规生产行为的查处记录和投诉（噪音扰民、施工扬尘、道路遗撒、污染物超标排放、露天焚烧等）

• 关于博物馆、剧场、公园、公共图书馆、文化馆等文化活动场所的投诉

• 关于公用设施（人行道、消防栓、公共标识、路灯）损坏或存在缺陷的记录和投诉

- 关于公共交通服务的问题记录和投诉
- 关于水、电、气、暖等公用服务的问题记录和投诉
- 关于违法用地、违法违规建设和违法施工的记录和投诉
- 与住房公积金、养老保险、医疗保险、工伤保险有关的违规记录和投诉
- 与人事档案管理有关的违规记录和投诉
- 关于违法用工和劳资纠纷的记录和投诉
- 关于短信、电话诈骗和骚扰的记录和投诉
- 关于网络诈骗和其他违法行为的记录和投诉
- 关于无照经营和摊贩占路经营的记录和投诉
- 关于假发票、假证件、代开正式发票行为的记录和投诉
- 医疗事故和医患纠纷
- 普通交通事故
- 城市绿地或绿化树木损毁
- 郊区农业用地违规
- 郊区农业局部灾害
- 关于城市集贸市场的投诉
- 关于消防隐患的检查记录和投诉
- 街头小广告治理记录和投诉

【注意】事件分级不因行政级别的高低而改变，例如城市运行态势中的 1 级事件，放在国家运行态势中也是 1 级事件。整个国家的运行体系都按照一个分级标准对事件分级，才能科学地反映全社会的运行态势。

二、危机状态

危机状态是一种特殊的运行状态，原则上只有发生 1 级事件和多个并行相关的 2 级事件时，运行中心值班主任才有可能宣布进入危机状态。根据实际情况，运行中心值班主任也有权将其他等级的事件确定为危机事件，例如，随着时间的推移，低级别事件有可能升级，多个低等级事件的关联叠加有可能形成总体上的危机。

正如危机管理是日常运行管理的一部分，危机状态也包含在日常运行态势之中，统一管理和应对。

危机状态的定义：

危机状态在国家层面相当于“紧急状态”，简言之，对于政府而言，危机状态就是局面完全失控（out of control）的状态。

导致危机状态的典型事件：

大范围内民众日常生活同时受到影响、媒体非常容易察觉的、非正常的、易引发公众恐慌的事件、较大范围内的民众受到安全威胁、大面积电脑病毒暴发、人为破坏（爆炸、纵火、网络黑客攻击等）。

2007 年 8 月 30 日，中华人民共和国第十届全国人民代表大会常务委员会第二十九次会议通过了《中华人民共和国突发事件应对法》，宣布自 2007 年 11 月 1 日起施行。一年后，各省、直辖市人大陆续出台了实施《中华人民共和国突发事件应对法》的办法，在政府管理上是一次巨大进步。这部法律首次提出了突发事件应急指挥机构，统一领导和协调突发事件的应对工作，明确“国务院建立全国统一的突发事件信息系统。县级以上地方各级人民政府应当建立或者确定本地区统一的突发事件信息系统，汇集、储存、分析、传输有关突发事件的信息，并与上级人民政府及其有关部门、下级人民政府及其有关部门、专业机构和监测网点的突发事件信息系统实现互联互通，加强跨部门、跨地区的信息交流与情报合作。”首先我们可以视这个系统为突发事件态势信息系统，从内容上已经可以涵盖前文所述“事件层面态势信息”的部分内容，就运行管理而言，态势信息系统在从无到有的阶段有了坚实的法律依据。这部法律显然是发现以往条块分割格局下，政府对于突发事件的响应有缺陷才制定出台的。唯一遗憾的是这个突发事件信息系统以应急为主要目标，在设计之初没有将应急管理作为日常运行管理的一部分，因此自然不具备全面、翔实和实时呈现全社会运行态势的能力。如果运行管理的理念能够得到推广，我们有望在未来看见《国家运行法》出台，支持建立国家运行态势信息系统。

三、风险层面的运行态势

风险是尚未形成危机的潜在因素，往往不在表面，而是根据以往的历史记录和事件层面的现状所做出的预警，其内容包括：是否存在风险、风险等级如何、是否应当发布风险预警、是否已经有应对措施。

风险层面的运行态势包括风险识别、风险评估和风险控制。

发现风险和分析、认定与评估潜在风险是控制风险的关键。“防患于未然”的道理无须解释，就成本而言也有事半功倍的益处。如果不在运行态势中关注风险，完全依靠操作层自己应对，当风险迹象露头时，各业务口的操作层往往无暇顾及，也没有能力在较为宽泛的视野范围内综合分析。

风险识别和评估是一项需要长期坚守的工作。目前的实际状况中，有些是体制内设立部门自我承担风险识别评估的责任，有些则聘请独立咨询公司或审计公司担任，有些则完全没有将风险评估纳入日常工作范畴。广义而言，有比没强，不管采用什么方式，都要建立风险评估团队。

对于当下体制内设立的风险识别和评估部门，在条块分割的格局下，对本业务部门的风险识别和评估往往是阶段性工作，评估阶段结束之后，缺乏后续跟进；而各个行业之间的风险识别和评估结果往往秘而不宣，有问题尽量在行业内部解决，需要其他行业配合解决的时候，非常容易形成行业之间的相互推诿，解决不了就暂时搁置，将矛盾上交。而对于收到矛盾的上级部门扮演的是裁判的角色，他们在不能系统了解风险识别和评估过程及内容的情况下，只能用行政的方式解决矛盾。事实证明，用这种方式解决矛盾，在大多数情况下采取的是折中法，对于化解风险本身效果有限，对于长期运行而言则很少能从根本上解决问题。虽然这些都是缺点，但他们的风险意识仍然是需要大大鼓励的。

当下为政府服务的第三方专业风险识别和评估团队，也就是管理层与操作层之外的第三方，大致有以下三种：

第一：体制内的纪检监察机构。通常它们主要承担管辖范围内运行团队和个人在遵章守纪方面的检查和监察，指出发现的问题，提出潜在问题并予以警告，在某种意义上有发现和评估风险的职责。

第二：体制内的发展战略研究部门，独立于运行业务之外，以旁观者的视角通盘审视运行体系和流程，评估其优劣，为未来五至十年制定前瞻性发展战略和规划，风险评估是这类部门的工作内容之一。

第三：政府性机构和企业通常会聘请的独立审计公司或咨询公司，为自己做发展规划和财务审计，风险评估亦包括在内。

由第三方独立进行风险的发现、分析、认定和评估有局限性。第三方可以将风险识别和评估过程及结论直观地呈现，置于监控之下，有利于各个行业和决策部门真正了解风险所在。但是由于主管业务部门与第三方之间工作合作关系的不确定性，在现实中实际成效并不十分明显，体制内自设的风险识别和评估机构与主管业务部门的关系，对立大于合作，从监察角度而言是对的，但是对于风险管理而言则有所缺憾，主营业务部门信息的开放程度完全依赖于主营业务管理层对于风险评估工作重要性的认识。外聘审计公司和咨询公司很少以专门做风险评估的方式出现，大都是在为客户做咨询报告时，捎带给出风险评估意见。

运行风险识别和评估的最佳团队是第三方代表与运行管理层代表的组合团队。管理层深谙自身业务和原则、流程，第三方具有独立视角和专业性；管理层懂得当前运行体系的健康状况，第三方有能力解析症结；管理层明白运行管理的理想目标，第三方能够调动专业手段给出解决方案。因此，两者结合在实际操作中被证明是比较有效的、均衡的、兼顾优势的组合。无论是政府机构还是企业，有必要根据自身组织机构和运行业务的特点，定义风险评估团队的任务和组成，使运行管理风险评估工作落到实处。

风险控制是一个持续性管理过程。风险控制责任是管理层和操作层的共同责任，而不是第三方。但是作为评估人，在论证风险成立的同时，也要给出化解风险的多种解决方案，供风险控制责任人选择。这些方案应当包括实施方法、所需资源条件（人力物力）和时间。在大多数情况下，一定的资源和时间的配置对应于一种实施方法，资源和时间是一对矛盾，此消彼长，管理层需要根据自身的条件和风险等级来决策采用哪一种实施方法，操作层则必须在决策后不折不扣地执行。作为第三方，没有决策的权力，但是有提供多种解决方案的义务，并且在实施过程中保持持续关注，直至风险化解，终止跟踪流程。以上过程需要全部纳入运行管理风险运行态势平台。

四、风险识别和评估的时效性与风险控制水平的关系

在风险识别和评估过程中，有些事项可能存在争议，当各个部门还在为

此争论不休的时候，真正的风险很可能随时变成现实中发生的事件，其中有些是重大事件。这个事实告诉我们，过多纠缠于风险识别和评估的结果往往是行政层面的部门之争或派系之争，而真正有意义的是对所有潜在风险的控制。在运行管理体系中，对待任何风险迹象的方法是首先纳入运行状态平台，风险评估和风险控制的过程都在态势平台上予以跟踪，在评估阶段就有定论不构成风险的事项，可以随时终止跟踪流程，有不同意见的就搁置争议，保持关注并研究制定相应的预案，对于认定为风险的事项则不仅要限时制定预案，还要落实实施预案所需要的资源、人员培训及演练。

风险控制的最高水平，就是将所有可能的风险迹象纳入监控之下，直至化解，从而大幅度减少事件的发生概率。

【注意】风险层面的运行态势以事件层面运行态势为信息基础，由第三方与管理层共同完成，定期检查和更新风险列表、确认风险控制举措落实情况，是整个团队的工作常态。风险态势如高悬的达摩克利斯之剑，政府应以战战兢兢、如履薄冰的心态，对待风险态势中反映出来的潜在风险，将灾难的苗头扼死在萌芽阶段。

五、诉求和改革层面的运行态势

诉求层面的运行态势反映的是政府利用运行管理体系进行自我完善的状态。“诉求”是请求和建议的集合，“诉求”经过评估得到批准后进入实施阶段称为“改革”。

在事件层面和风险层面会遇到一些在现有格局下无法解决的问题，它们通常因为体制方面、法规方面或资源方面的限制而无法得到真正解决。在这种情况下，普通百姓和各个业务部门都可能会提出各种各样的请求和建议，而对于这些请求和建议的研究决策过程，就是政府运行管理不断完善的过程。诉求和改革层面的运行态势反映的就是这个过程，能够帮助政府客观认识问题的根源，研讨和尝试调整措施，为社会进步提供现实的工具。

是否批准某项诉求需要经过认真的考量，主要取决于三个要素，即可行性（宪法是否允许、法规和体制调整是否可行、是否具备操作性等）、时间成本（是否能够在可预见的时间内完成，因为过长的时间会导致请求失效）和资源成本（是否具备人力和资金）。对于三要素的评估结果，将决定诉求是否能够得到批准，从运行管理的角度看，评估过程的重要性等同于评估结果，需要用合适的方式表现为可监控的运行态势。“诉求”经过评估得到批准后进入“改革”阶段，它包括制定和实施改革方案，这个阶段也需要监控，也要纳入运行态势。

1. 诉求层面的运行态势

诉求是请求和建议的集合，能够反映社会热点，体现行政质量，筛选出体制的矛盾和法规上的冲突。这些都是后续评估阶段需要特别重视的。作为政府，即社会运行的管理者，要尽力跳出部门的视野，将某个职能部门的建议放在整个体系中权衡。

请求可能来自普通百姓，也可能来自职能部门，无论来自何方，按照常理，如果有法可依、有章可循，本不必归入请求范畴，究其缘由，大都是在具体执行的规章有空缺或规章之间相互矛盾，或者是规章本身并不完全符合国家的根本大法——宪法。请求层面的态势信息能够比较清晰和客观地反映社会热点，反映法规缺失或矛盾集中的领域，它们在态势上留存的时间长短能够反映这个领域问题的严重性，留存时间越长，解决问题的难度可能越大。

建议同样可能来自老百姓和职能部门，百姓的建议往往比较直接，遇到什么障碍就建议取消什么障碍，政府面对这些不够专业的“建言献策”往往不屑一顾，然而从运行管理的观点看，百姓建议集中之处，也是具体制度和操作规程的突破点，不加重视或逆势而为的结果，只能加深社会矛盾和不满情绪；来自职能部门的建议往往带有山头色彩，保护自己，不惜伤及相邻职能部门，不太顾及实现建议的资源成本，现行体制下，这种做法不仅普遍存在，而且在潜意识中被认为是合理的。作为运行管理者，首先需要特别关注的信息恰恰是这类建议的偏颇程度，越偏激、呼声越激烈，越能反映制度设计的失衡程度和弊端；另一个重要信息是职能部门的建议往往具有较强的专业性，提出建议的初衷往往是为了解决本部门的主要问题，寻求制度突破。

对诉求要进行评估。在评估阶段，需要牢记一个基本原则，就是对于体制设计而言，平稳运行与制度制衡同样重要。影响平稳运行的障碍当然要破除，演变为“神仙打仗”的过度制衡需要通过体制更新来解决，但是制度制衡的根本不能动摇。在现实中，平稳运行与制度制衡往往以矛盾的表象出现，给人们一种误会，似乎制衡的力量越弱，运行才能越平稳顺畅，这是一种有害的误解。制度制衡的主要对象是政府各职能部门，最基本的制衡关系由宪法规定。社会是否能够平稳运行，主要取决于各职能部门是否照章作为、体制设计是否遵从宪法和符合社会现实、体制本身的矛盾是否能够被发现和解决。对诉求的评估，主要工作就是在法律的大框架下，对其可行性、时间成本和资源成本进行分析和研究，对于合理的诉求，要给出多个解决方案以及每一种解决方案所需要的时间成本与资源成本，供决策部门择定。

决策的结果要作为该诉求的状态信息记录在案，得到批准的诉求进入改革阶段，被否决的诉求以否决作为最终状态并关闭。

评估小组的牵头主体应独立于职能部门，设在运行管理决策机构内，或由运行管理决策机构聘请第三方机构承担。针对每一类诉求，其评估小组的构成方式应当事先约定，根据请求的内容，要吸收职能部门的代表参加。约定中只规定组成人员的身份，要明确组成人员在组内的职责，但不指定具体人名。

2. 改革层面的运行态势

改革主要是一个执行过程，因此改革层面的态势信息主要包括制定改革方案和实施改革。如上所述，在诉求得到批准之前，其可行性、时间成本和资源成本都在评估范围之内，对于建议批准的诉求，评估中已经给出多个实现途径供决策者选择，但是在现实中，并非所有得到批准的诉求都意味着已经有了确切的解决方案，很多情况下，决策者只是原则批准并框定了时间和预算，或者还附加了其他的限定条件，对选定的解决方案给出了具体修改意见，因此改革主要分为两个阶段，一是制定方案，二是实施。这两项工作由同一主责人承担，具体是谁、是哪个或哪几个职能部门，应当在批准的意见中明确。

制定改革方案阶段的态势信息。改革主责人根据批准意见制定改革方案。在制定方案的过程中，如有需要可以邀请评估小组给出咨询意见，但不可由评估小组越俎代庖。制定改革方案的过程应当记录为该项改革的态势信息，定期更新状态。这个阶段的态势信息能够反映推进的速度。当某项改革方案迟迟不能出台，意味着出现了较大的分歧或尖锐矛盾，运行管理决策者能够从态势信息中及时发现，并采取措施推进，避免久拖不决。也有可能是决策本身有问题，则要重新评估和修改决策。每每遇到这类情况，作为改革主责人需要有畅达的渠道将信息反馈到运行管理决策者，但是在现行体制下，这种渠道往往是会议、书面或当面汇报，效率不高。态势信息平台能够为运行管理决策者主动提供警示，同时也能在状态信息记录中完整地呈现整个事项的过程，直至改革方案完成。

实施改革阶段的态势信息。改革方案制定完成后，经运行管理决策者批准进入改革实施阶段，所需资源一并得到批准。执行改革过程中各个环节的进展情况记录为该改革实施的状态信息，每个步骤的完成状态和所遇到的问题都记录在案。在能够顺利完成的情况下，完成的同时也留下了完整的过程记录，成为行政经验，供今后类似事项参考；如果执行不顺利，运行管理决策者同样可以从态势信息平台上主动发现警示，与改革主责人展开双向互动，推进执行改革的进程。

【注意】这里讲述的是如何定义、记录诉求和改革层面的运行态势。至于诉求和改革本身，诉求比较容易解释，它是建议和请求的集合；而改革则较为复杂，本书第六章将详细阐述运行管理理念下改革的含义和方法。

第五章
运行规则与运行流程

运行规则和运行流程都是运行管理操作层面的具体工具。

对于政府而言，运行规则就是以法律、法规为准绳制定的行政规则，宪法是政府运行规则的最高指南。

运行流程就是在运行规则的指导下，描述政府行政具体步骤的指导性文件，涵盖日常和危机状态下的运行全过程。预案嵌在运行流程之内，一个运行流程可以仅有一个预案，也可以由多个预案组合而成。

在运行管理理论中，一个体系得以正常运行，涉及其中的机构与人都遵从明晰的运行规程，落实在书面就是运行规则和运行流程。

对于政府而言，运行规则的依据是宪法及其指导下制定的全部法律、法规，宪法是政府运行规则的最高指南。运行流程是描述政府具体行政步骤的指导性文件，在运行规则的指导下形成。运行规则与运行流程密切关联，但本质不同，两者的关联性更多地体现为它们之间的从属关系而非双向制约关系，也就是说，运行规则的确定、调整和修正唯宪法及其他相关法律马首是瞻，不能因为流程的需要而改变规则。如果说运行流程对应着一系列合乎法律法规的行为，那么运行规则是这一系列行为的合法依据。

对于政府和公益服务企事业机构，服务社会、服务大众是这些机构的终极使命，在这个意义上，政府和公益服务企事业机构的雇员须对法律、法规保持敬畏，正确地解读法律、法规，遵守运行规则，遵从运行流程。对于他们而言，这并不仅仅是敬业与否的问题，而是关乎行政行为的合法性。

宪法授权国务院“根据宪法和法律，规定行政措施，制定行政法规，发布决定和命令”，因此，制定行政规则是中央政府的职责，以保证“依法行政”，与之对应的运行流程可理解为国务院组织制定的行政措施、行政条例、发布的决定和命令，做到行政“有据可依”，当然在现实中，运行流程与政令之间还有距离，本章第二节将会具体讨论。

运行规则和运行流程与行政体制密不可分。无论是政府还是公益服务企事业机构，在条块分割的格局中，责任泾渭分明是长项，行政粗放是短板，协同不足是短板，在“法无授权为禁止”的行政规则下，短板尤为显著。从运行的角度看，行政粗放是法律、法规与具体操作之间缺少细化规则和流程，彼此协同难以实现是条块联动有障碍，行政不够严谨是法律法规与具体操作之间缺少细化规则。本章主要针对这两项短板，在运行规则方面重点阐述“双重指令 / 汇报规则”和“日常运行规则”，运行流程部分将描述保障服务流程和应对事件流程。

运行规则、运行流程和预案的关系示意

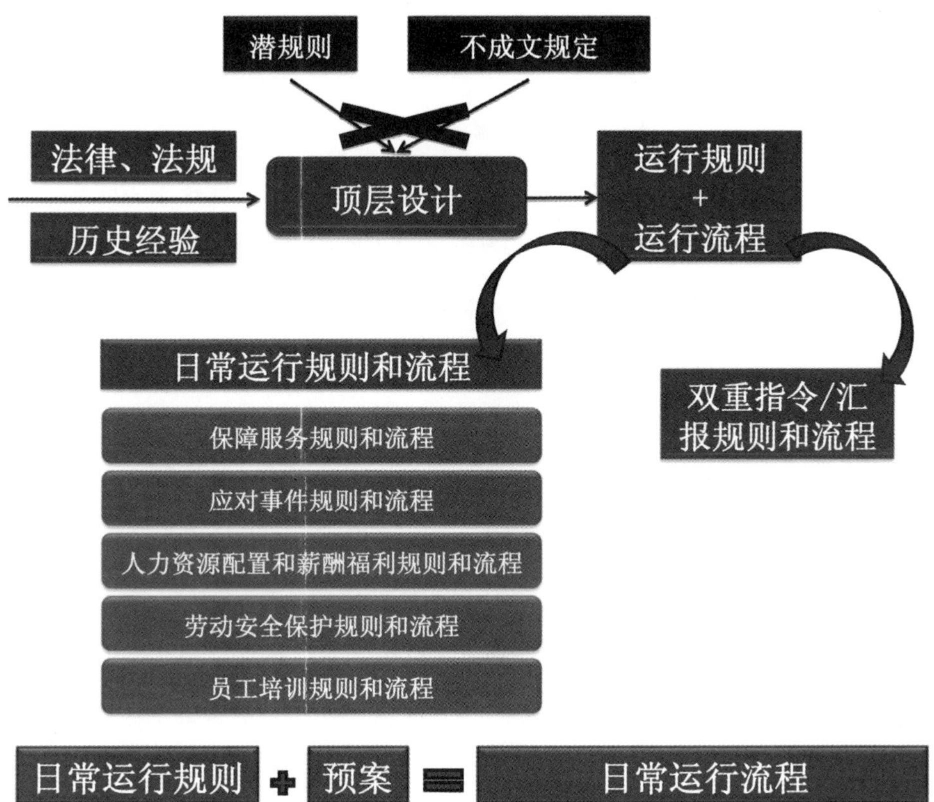

第一节　运行规则

人们也许不太理解什么是运行规则，但是对于政治范畴中的“游戏规则”概念应该不会陌生，两者所说的“规则”含义基本一致，就是在法律、法规与具体操作行为之间还需要有一整套大家共同遵守的行为规范，这就是规则。对于政府而言，规则在行政行为中无处不在，如果没有明确的行政规则，就会有潜规则，如果没有落实在文字上的规定，就会有不成文的规定。当一部分行政规则缺失，那里的行政行为就是明确的规则与潜规则及不成文规定的混合体，这对于任何政府而言都是灾难。哪里的潜规则和不成文的规定泛滥，就说明哪里缺乏透明、公开的行政规则，因此要实现依宪治国、依法行政，只注重完善法律、法规是不够的，还必须重视制定行政规则。

在国际社会，大国一直都在争夺制定规则的地位，例如在中国改革开放之初，我们面对的是发达国家制定的国际经贸秩序，中国只能按照他们制定的规则参与国际经贸活动，通过加入 WTO（世界贸易组织）、IMF（国际货币基金组织）、世界银行、亚洲开发银行等进入国际经贸舞台。近年来中国与其他发展中国家组成金砖五国集团，共同谋求建立成员国之间的合作发展模式，并共同设立了金砖国家开发银行，这可以被认为是金砖五国试图共同打破发达国家制定的游戏规则的举动。中国随后提出"一带一路"合作发展构想，设立丝路基金，倡导成立 AIIB（亚洲基础设施投资银行），在一定范围内、一定程度上对发达国家的制定国际经贸规则发出挑战。美国总统奥巴马在 2015 年 1 月发表的国情咨文报告中说："中国想制定世界发展最快地区的规则，那会令我们的工人和生意处于不利状态。为什么我们要让它发生？我们应当制定这些规则，我们应当令竞争公平。那就是我为什么要求两党给我贸易推广授权以保护美国工人，并有不仅自由也公平的与亚洲到欧洲的新贸易协议。"2015 年 10 月，美国、日本等十二个泛太平洋国家就"跨太平洋伙伴关系协定"（Trans-Pacific Partnership Agreement，即 TPP）达成一致，目前正就"跨大西洋贸易与投资伙伴协议"（即 TTIP）谈判。美国特别重视这两项协议，毫无疑问是要争夺国际经济贸易规则制定者地位。这个例子说明，规则不等同于法律，规则很重要，谁获得了制定规则的权力，谁就有话语权。

国际社会如此，一国政府又是怎样的情形？首先，规则依然很重要，严谨而枯燥的法律、法规条文只有变成可具体操作的规则，才能在现实中得到尊重，起到应有的作用。其次，现在的许多管理课程会讨论“做正确的事”与“正确地做事”的关系，这种讨论不适用于政府和公益服务企事业机构。从运行管理的观点看，在政府和公益服务企事业机构的工作中，判断“什么是正确的事”与“什么是正确的做事方法”相当于制定行政规则，很不巧，这并不是政府公职人员个人的责任，不应由个人意志决定。运行规则是法律、法规与运行流程之间的关键环节，对政府而言，制定规则的权力不容争夺，而是由宪法来确定。在中国，宪法规定中央政府是最高国家权力机关的执行机关，因此制定规则的权力属于中央政府。然而问题是，长期以来，在“条块分割、各自为政”体制下，中央政府注重法律、法规，但是将制定行政规则的主动权大部分交给了条块本身，因此，我国有大量由地方政府和部门颁布的条例等文件，即人们非常熟悉的红头文件。显而易见，这些文件的本位特色非常强烈，具有既当裁判员又当运动员的典型特征，时效性亦大都差强人意，给潜规则和不成文的规定留下空间，因此总体上，行政规则在我国是一个值得深入研究的领域。

站在运行的角度看，行政行为往往涉及多项法律、法规，通过对相关法律、法规的归纳和提取，得到操作性强的行政规则，其过程本身就有助于进一步揭示行政行为粗放随意、条块难以协调的具体问题，对于从“条块分割、各自为政”升级为“条块联动、协同行政”有巨大帮助。行政规则表达的是管理决策者对法律、法规的尊重与理解，体现了管理决策者的智慧，结合公序良俗，将法律、法规转化为透明行为规范，中央政府的顶层设计应该承担起制定运行规则的责任，而不是完全交给各业务口自行决定。

对于现代政府运行管理而言，行政规则就是运行规则，以下将统一使用

"运行规则"这一概念。

运行规则本是运行管理中的一个重要通用概念。但是既然本书专注于现代政府运行管理，就有必要对现代政府现行体制的短板做针对性阐述，关于双重指令 / 汇报规则的讨论主要针对条块联动不足，关于日常运行规则的讨论则主要关注行政行为粗放、随意的症结。

一、双重指令 / 汇报规则

无论体制升级与否，双重指令 / 汇报关系都是一种客观存在，制定双重指令 / 汇报规则，可以避免实际操作中条块之间可能产生的冲突，在体制升级的过程中有助于平稳过渡。

每个业务口负责人一般只会建立一组双重 / 指令汇报关系，区域负责人(即"块"的负责人)，如政府的省长、市长和县长只有一个向上的指令 / 汇报人，但会同时成为多个业务口负责人双重指令 / 汇报关系中的上级。

在现行体制中，由于缺乏公开透明的双重指令 / 汇报规则，身处双重指令 / 汇报关系节点的人员时常处于无所适从的境地，听不听从指令、是否汇报情况、汇报到什么深度都被归结情商的高低，甚至上升为"做人的艺术"，这无疑是潜规则和不成文规定杂陈之处，是"人治"的沃土，非常需要明确的双重指令 / 汇报规则。

顶层设计在确定条块之间的关系时，应该绘制行政架构图，并且清晰标注上指令 / 汇报关系。不论是"条块分割、各自为政"，还是"条块联动、协同行政"体制，绘制行政架构图都不存在法律上的障碍。双重指令 / 汇报关系要在架构图上直观地用实线和虚线分别标注清楚，实线表示是首要指令 / 汇报关系，虚线表示是次要指令 / 汇报关系或协调 / 通报关系，实线和虚线关系都要配以文字，确定双重指令 / 汇报规则内容。人事部门在编写相关职位的职务描述时，要与标注双重指令/汇报规则内容保持一致。职位描述在人事管理中已经相当普遍，但是由于在政府组织架构中，人事部门不具备确定双重指令/汇报关系的权限，因此，双重指令/汇报规则内容的确定还是要在顶层设计层面统一完成，人事部门在编写职位描述时纳入即可。

除了在行政架构图标注清楚双重指令/汇报关系和原则之外，一旦推广使用运行管理信息系统，每个岗位从运行态势平台上获得信息的权限也要与确定的双重指令/汇报原则相匹配，哪个职位可以获得哪些信息、可否接受/发布指令、系统中开通哪些汇报渠道等，都要与行政组织架构图中标注的指令/汇报关系保持一致。

某些双重指令/汇报关系中有可能两条都是实线。在政府机构中，尤其是基层政府机构，各业务口功能有集成复合的趋势，这类业务口的负责人现实的双重指令/汇报关系确实是双实线。不论这种双实线现象是否合理，组织结构图及相应的文字说明应该如实反映，不能因为貌似不合法理就不予真实记录和反映，至于它是否确实是弊端则应该留给顶层设计研究。

【注意】在以往的经验中，双重指令 / 汇报关系曾经成为推诿和怠工的理由，即当一个岗位有纵横两个方向的上级时，岗位工作人员有机会利用两个上级的分歧而推诿责任或消极怠工。消除该类现象的责任在顶层设计而不是各业务口，因为行政行为本身应该符合既定的运行规则和流程，遇事应该怎么做，并不应该由上级说了算。如果双重指令 / 汇报规则不透明，在条与块的同级之间（如中央部委的部长与各省省长）依法行政的意识薄弱，每每遇到问题都要临时协商，或按潜规则和不成文规定行事，不仅会给下级推诿责任、消极怠工留下机会，还会给各类说情、变通留下巨大空间，给变相渎职、腐败和犯法以机会。当前政府处在从“人治”向“法治”过渡的阶段，确定双重指令 / 汇报原则不必等待体制升级，而是可以先行一步，为体制升级助力。

二、日常运行规则

日常运行规则用于政府和政府性机构维持社会正常运转，包括保障服务规则、应对事件规则、人力资源配置和薪酬福利规则、劳动安全保护规则、员工培训规则等，这些规则都有对应的法律、法规。供水、供电、供热、供气、公交等公用服务性企业和公立医院、公立学校、公园、公立博物馆等政府性机构的日常运行规则原理相同，应遵行相应的法律、法规和有关规定。以上提到的日常运行规则内容请详见附录一。

日常运行规则的缺失有可能导致法律、法规的严肃性受到挑战，政府自身在违法的状态下运行，例如对于需要 24 小时保障服务的业务口，如公安等，目前常见的情况是业务口被要求 24 小时连续保障，而人事方面大都只有加班、调休、补助一条出路，在实际执行中人手不足没时间调休，补助又受到财务制度的限制，最终结果是违反劳动法，大家见怪不怪。看似有很多法律、法规管着，最后法律却得不到尊重，这就是运行规则缺失的后果。

日常运行规则之间的关系也需要小心对待。直接面向服务对象的行政业务口运行规则有一致性，而专业性强的业务口运行规则有一定特殊性，如果按照这个思路让各业务口去制定运行规则，还是难免落入条块分割的窠臼。再次强调由中央政府顶层设计来制定运行规则，原因就是要保证负责制定运行规则的人总是能够站在全社会运行的角度来看待各个业务口行政行为的关联性，避免各业务口运行规则之间依然存在不联动、不协同的痼疾。这些人本身应该是杂家，换言之对各业务口有相当熟悉程度，而立足点又是在全社会，制定运行规则时，有能力实现运行规则之间的协调一致，例如上面提到的需 24 小时保障服务的业务口，所制定的保障服务规则要满足 24 小时保障的要求，同时还要在制定人力资源配置和薪酬福利规则时做出相应安排。

为了帮助读者了解运行管理所说的日常运行规则，现在选取其中比较有代表性的“应对事件原则”进行解析。

应对事件规则

• 事件在现场解决；

• 事件解决依靠预案；

• 事件解决分级主责：1 级事件由运行中心值班主任主责，2 级事件由运行中心业务口值班主任主责，3、4 级事件由事件属地业务口值班负责人主责；

• 事件解决优先级排序：危机应对优先于问题处理；事件解决优先于请求和改革管理；请求和改革管理优先于日常运行保障工作（注：请求和改革管理一旦进入实施，日常运行保障要随之跟进，不得固守旧规章）。

【关于应对事件规则的解析】

• 事件在现场解决　并没有法律、法规有此明确规定，但是关于提高政府行政效率、提高政府服务水平有一系列规定，以往的行政经验和教训也都说明，在事发现场才能知道问题是否得到真正解决。因此制定该条原则，明确事件处理要以现场解决问题为第一要义。

• 事件解决依靠预案　一般当事件发生时，主管部门都会以规章加经验来解决，即文字上的法律、法规条文与代代口传心授的经验相结合，惯例和所谓不成文的规定导致行政结果经常因人而异。用预案而不是凭借个人经验来应对事件则更接近法律、法规的要求，同时也能保证行政行为的一致性。因此，虽然没有一条法律、法规明确“解决事件依靠预案”，但是这项原则是合规的。

• 事件解决分级主责　分级主责与事件分级定义密切相关，不同级别事件需要调用的资源不同，分级主责体现了责权相统一的思想，符合行政架构的客观现实，因而具有合理性。以往在事件发生时，常常找不到主责人，大家习惯于先洗脱责任而不是着手处理，所有的担子都压在现场工作人员身上，总要经过一段混乱期才慢慢变得有序，难免贻误解决问题的最佳时机。分级主责能够在事件发生的时候明确责任人，有利于预案启动后所有人都各司其职，迅速控制住局面。

• 事件解决优先级排序　大部分与行政相关的法律、法规一般都专注于某个领域，但是在实际工作中，先解决什么，后解决什么却是经常遇到的问题，处理不好老百姓不满意，也可能顾此失彼令局面失控。优先级排序原则符合我国政府“分清轻重缓急”的一贯做法，在人、财、物资源有限的情况下能够最大程度保证社会的平稳运行，提高政府应对事件的能力和效率。

第二节　运行流程

如前所述，运行流程与运行规则相对应，有什么运行规则，就应当编制相应的运行流程，将运行规则细化为一系列可执行的、规范化的行为。

运行流程不仅规定了怎么做，还规定由谁来做，不可避免地涉及到运行架构，因此与行政体制密切相关。政府运行管理架构的具体内容在本书第七章，这里只强调一点，无论体制升级与否，都有必要制定运行流程，现实中各业务口或多或少都出台过办事流程、工作流程等文件，在业务口内部起到积极作用，虽然在条块分割体制下有很多无奈之处，无法实现联动，但是至少让政府在操作层面有可依循的路径，让前来办事的老百姓和企事业单位得到比较清晰的指引。

如果体制发生变化、运行架构改变，运行流程也要做相应调整。在以往的行政经验中，常有行政架构改了但政策调整没有跟上，由此产生管理上的冲突或管理空隙，给权力寻租留下空间。为了避免这类情况发生，就要定期审核、更新运行流程。

对应双重指令 / 汇报规则须编制双重指令 / 汇报流程；对应日常运行规则中的保障服务原则、应对事件原则、人力资源配置和薪酬福利原则、劳动安全保护原则、员工培训原则等亦同理，须分别制定相应运行流程。本节将简要介绍保障服务流程，重点讲解应对事件流程，其中的“应对事件流程”中包含事件处理流程和危机处理流程两个部分。

一、保障服务流程简介

长期以来，许多政府部门形成了各种不成文规定，以约定俗成的方式走行政流程，导致行政粗放，随意性强，看似合理但未必合规，不符合依法行政的要求。下决心为各业务口、各层级都编制保障服务流程，对全体人员来说，其过程本身是必要的反思和培训，其结果有助于行政规范化。

保障服务流程是保障日常运行最基本的通用运行流程，是各业务口维持理想运行状态的手段和条件，主要包括到岗交接班、班前会、岗位值守、汇总本班工作日志编写《要点记录单》、本班小结会。从保障服务原则中可以看到，对于不同类型的政府和公益服务企事业机构，其运行模式也不同，有每周 5 天 8 小时运行（学校、大部分政府部门等）、每周 6 天 8 小时运行（博物馆、部分政府部门）、7 天 24 小时不间断运行（公用服务企业、银行、医院、公园、部分政府部门等）三种方式。本书提供了一个 7 天 24 小时不间断运行机构的保障服务流程及其说明，为正文简洁起见将其放在书末列为附录二。其他两种运行方式的服务保障流程可比照附录二编制。

保障服务流程的特点是以日常运行为基本场景，明确在日常工作每个班次从起始、运行到结束的全过程中，运行团队所要遵守的节点要求，看似简单，但是在流程中已经涵盖了运行管理的要素：获取当下运行态势、进入岗位值守、按时更新运行态势、汇总成文字报告供下一班次使用。在这个流程中，态势信息始终是全面、翔实和实时的，同时也请注意，其中的岗位值守是需要进一步个性化的部分，与业务口的职责相关，这个阶段若发生事件应转入应对事件流程。

二、应对事件流程

如第四章所述，事件分为四个级别，且 1、2 级事件发生时有可能进入危机运行状态，因此，应对事件流程包括危机管理流程在内。由于危机处理本身的程序性比较强，单独描述更容易讲清楚，因此，在下面阐述“事件处理流程”时，会将“危机管理流程”部分独立出来，读者在阅读“事件处理流程”的内容时会注意到，“事件处理流程”中留有“危机管理流程”的出入口。

根据应对事件原则，解决事件依靠预案，因此应对事件流程一定会包含预案。为了方便读者理解流程主线，关于预案的专门论述放在了本章第三节，如果读者希望马上了解运行管理中与预案相关的内容，可以直接阅读第三节。

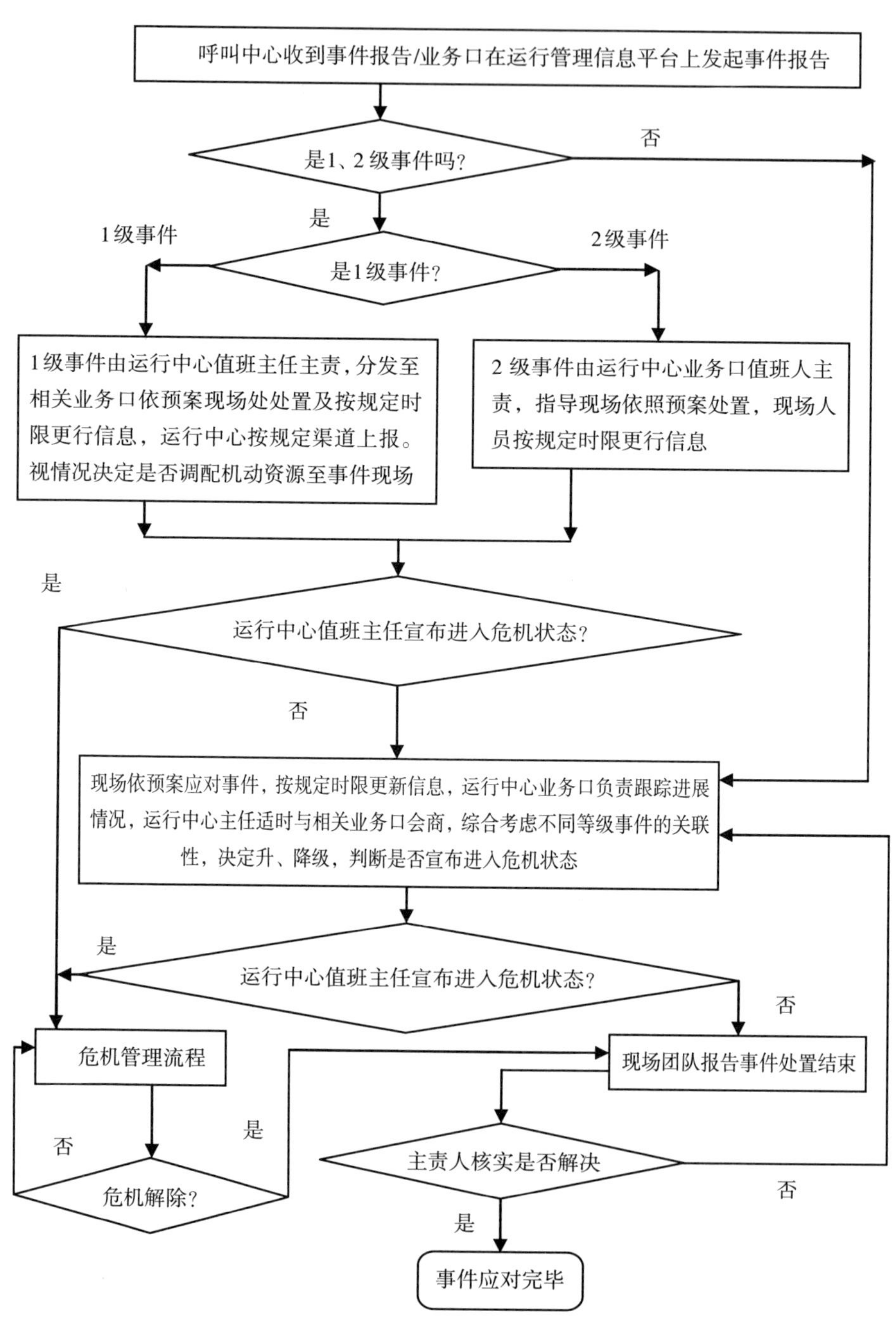
应对事件流程
呼叫中心收到事件报告/业务口在运行管理信息平台上发起事件报告
是1、2级事件吗?
否
是
1级事件
是1级事件?
2级事件
1级事件由运行中心值班主任主责，分发至相关业务口依预案现场处处置及按规定时限更行信息，运行中心按规定渠道上报。视情况决定是否调配机动资源至事件现场
2级事件由运行中心业务口值班人主责，指导现场依照预案处置，现场人员按规定时限更行信息
是
运行中心值班主任宣布进入危机状态?
否
现场依预案应对事件，按规定时限更新信息，运行中心业务口负责跟踪进展情况，运行中心主任适时与相关业务口会商，综合考虑不同等级事件的关联性，决定升、降级，判断是否宣布进入危机状态
是
运行中心值班主任宣布进入危机状态?
否
危机管理流程
现场团队报告事件处置结束
否
是
危机解除?
主责人核实是否解决
否
是
事件应对完毕

【关于应对事件流程的说明】

获知事件发生：运行管理强调“事件解决靠预案”，因此迅速获知事件发生、尽快了解事件状况、准确判断事件属性和事件的等级，对于预案的尽速启动具有重要意义，光有好的预案对于解决事件远远不够。获知事件发生的途径有：呼叫中心接到老百姓报告、事发现场当事人向呼叫中心报告、事发现场携带移动终端的工作人员直接在运行管理信息系统中发起事件记录。

事件状况初始描述：呼叫中心接听员应接受过培训，在报告人不能准确、简洁描述事件时，能够引导报告人告知事发时间、地点和现场情况。事发现场携带移动终端的工作人员应当事先接受培训，知晓报告事件和发起事件记录的描述格式。

事件状况补充描述：呼叫系统本身应当能够自动显示呼入电话的信息，固定电话有号码、机主姓名、装机地址；移动电话有号码、机主姓名、手机所处地理位置（定位信息），并将这些信息自动融合进该事件记录。呼叫中心应具备调用事发地监控摄像的能力，由当班视频监控员动态补充所见现场状况。

事件融合：同一事件有多个呼入报告时，系统具备相关性识别能力，在人工确认为同一事件、在信息平台上合并为同一事件记录后，系统将多个报告的信息描述融合为一。

事件定级和分发：对于呼入事件报告，由呼叫中心接听员根据事件描述给事件定级并分发。由事发现场当事人发起的事件记录由发起人定级并分发。

事件分发给主责人：1 级事件分发给运行中心值班主任主责，并在运行中心大屏幕上发出警告显示；2 级事件分发给运行中心该业务口值班人主责，并在运行中心大屏幕上发出警告显示；3、4 级事件分发给事发地属地业务口值班人主责，并启动相应预案。

事件处理进程跟踪：事件分发后主责人的响应时间和状态信息更新频率

要遵守如下规定：

• 1 级事件：立即响应，信息更新频率≤15 分钟。注意，通常 1 级事件发生时，主责人会立即将事件转给相关业务口处理，各业务口在处置的过程中，都必须遵守信息更新频率的要求，以便运行中心值班主任及时了解进展情况，确定是否需要宣布进入危机状态。

• 2 级事件：15 分钟内响应，信息更新频率≤30 分钟。注意事项与 1 级事件相同。

• 3 级事件：4 小时内响应，信息更新频率≤1 小时。

• 4 级事件：8 小时内响应，信息更新频率≤4 小时。

在事件处理过程中，任何人都可以根据所掌握的情况在系统中做升级或降级操作，主责人因此可能会发生变化，这是正常现象。操作有误的，主责人可以再次重新定级。有权进入系统操作定级的人员，都要接受事件分级培训，对于频繁犯下定级错误的人员，要重新培训，考核合格后方可上岗。

事件处理结果核查：对于与公民自身利益相关的事件，事件主责人必须与事件报告本人核实事件是否确实得到解决，当事人是否满意。如果答案为“否”，则需要问清楚原因，继续按照预案执行。如有争议，涉及法律的，以司法结论为准，不涉及法律的，可以降级（最低 4 级）后挂起，边协商边观察。对于非公民个体相关事件，事件主责人应当与客户方代表核实事件是否确实得到解决，法规有规定的，要以第三方检验、检测结果为准，例如道路塌陷事件，抢修之后是否可以通车要以工程质量验收报告为准。

事件处理完毕：在确认事件处理结果满意后，曾经的 1、2 级事件一般先不关闭，而是挂起再观察一至两星期，并通报相关业务口主动自查隐患，待运行进入平稳状态后适时关闭。3、4 级事件在确认处理结果满意后可以即刻关闭。

危机管理流程

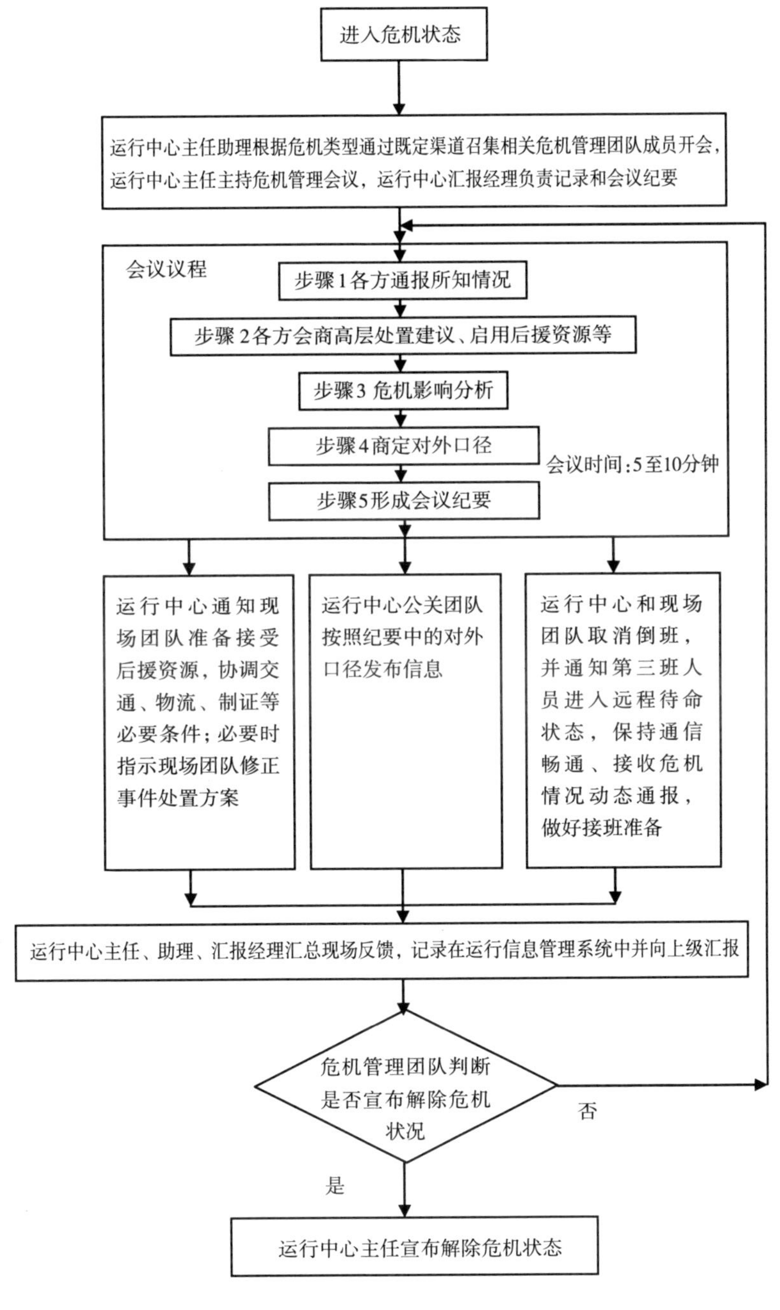
进入危机状态
运行中心主任助理根据危机类型通过既定渠道召集相关危机管理团队成员开会，运行中心主任主持危机管理会议，运行中心汇报经理负责记录和会议纪要
会议议程
步骤1各方通报所知情况
步骤2各方会商高层处置建议、启用后援资源等
步骤3 危机影响分析
步骤4商定对外口径
步骤5形成会议纪要
会议时间:5至10分钟
运行中心通知现场团队准备接受后援资源，协调交通、物流、制证等必要条件；必要时指示现场团队修正事件处置方案
运行中心公关团队按照纪要中的对外口径发布信息
运行中心和现场团队取消倒班，并通知第三班人员进入远程待命状态，保持通信畅通、接收危机情况动态通报，做好接班准备
运行中心主任、助理、汇报经理汇总现场反馈，记录在运行信息管理系统中并向上级汇报
危机管理团队判断是否宣布解除危机状况
否
是
运行中心主任宣布解除危机状态

三、危机管理流程

危机管理流程是包嵌在事件应对流程中的特殊部分。其功能并不是解决导致危机的 1、2 级事件，而是以协调与危机相关的各业务口关系为主，厘清危机可能带来影响的眼中程度和波及范围，统一对外口径，既要稳定公众心理，又要让公众知晓危机状况，为可能出现的更严重情况做好心理准备。

严重事件导致危机状态产生，危机的化解依旧依靠预案。运行中心、事发业务口现场仍然依照 1、2 级事件应对流程做现场处置和报告，运行中心随时按需要调配应急资源。在危机状态下，运行中心依靠强大的复合功能危机管理团队协调各功能业务口的关系，做到全力应对事件、控制全局、解决内部分歧、统一对外口径。

如果存在运行架构之外的行政上级，运行中心要事先确定危机状态下的汇报矩阵，在进入危机状态之后按既定的汇报渠道和汇报频次实时报告。

【说明】

危机管理团队：运行中心预先组建针对不同类型危机的危机管理团队，该团队为复合功能型，根据不同类型的危机选择不同的功能业务口代表参加。该团队需经过完备培训和演练，但是不实施日常运作，只在运行中心宣布进入危机状态时自动进入运行状态。

危机管理团队每位成员在危机状态下的责任、权限和决策依据均事先以文字描述和定义，团队成员人选只定义其身份和在各业务口中的职位，不指定人名。

运行中心定期对各业务口中指定身份和职位的人员进行培训，保证在任何时间点进入危机状态时，所组建的危机管理团队成员本人都明白自己的责任、权限和决策依据。当业务口该职位发生人事变动时，新到任人员必须接受危机管理团队成员职务培训后才能上岗。

危机管理团队成员均有正选和备选，正选和备选成员的培训和演练要求完全一致。备选人员只在正选人员不能按要求到岗时替代正选人员。备选人数（即一正一备或一正多备）视运行安全等级而定，当备选人数超过一人时，要定义好第一备选人、第二备选人等次序。

危机管理会议：危机管理团队在运行中心宣布进入危机状态后启动工作，由运行中心主任主持危机管理会议。

1. 各业务口先简要介绍各自的最新具体情况，没有新情况的不复述。

2. 迅速决断是否同意当前现场处置措施、是否有比预案更有效的解决方案、是否调用后援资源等。预案中已经包含了可调用的备份资源和调用原则及条件。事件解决靠预案，各业务口代表身应根据当下具体情况通报备份资源之外的后援资源，即使完全没有后援资源也要做“零后援资源”通报，以便危机管理团队为最坏情况做准备。

3. 各自预测危机对于本业务口的影响，这些影响包括业务停止运作、公共供给中断等近期影响，也包括公众丧失信心、信誉严重受损等远期影响。

4. 根据事件的影响决定对外口径。对外口径并非当场商定，而是在事先准备的预案中进行选择，例如公共卫生方面的突发疫情所导致的危机，对于事态状况，备选对外口径有：疫源不明正在排查、疫源找到疫情尚未受到控制、疫情未扩散完全处于控制中等。危机管理小组在选定对外口径时，第一要实事求是，说谎会导致轻敌、事态恶化；第二要避免公众恐慌，在尊重公众知情权的同时，给予认真细致的信息指导；第三要维护各业务口的对外形象和公信力，不在公众面前相互推诿责任，避免互相指责。

5. 形成会议纪要，这份纪要是当前关于危机应对的原则文件，各方不得突破。

6. 危机管理团队成员不论是否身处运行中心，在危机状态下要时刻保持在线状态，以随时参加危机管理会议。

7. 危机管理团队成员也可以在第一次会议时表态不同意宣布进入危机状态，只要会议最终决策不属于危机状态，可以立即宣布危机状态结束。

四、危机管理会后，危机管理团队成员应各行其是

1. 运行中心相关业务口经理都要继续监控现场事件应对进展情况，为可能派往现场的后援资源解决交通、物流、制证等必要条件。如果会议决定采用的超常规解决方案与预案有所不同，要将实施方案及时通知现场团队。

2. 运行中心公关团队根据会议纪要的口径按照既定的公共关系矩阵联络相关部门、机构和媒体，发布消息。

3. 根据原有的体制要求，运行中心主任在主任助理和汇报经理的协助下向上级和关键用户做内部汇报。内部汇报的内容与公关沟通口径不同，须状态信息翔实、影响范围和危机受控程度明确，起到预警和警示作用，以便从上级获得更高级别的支援，客户对可能的最坏情况有心理准备，并有尽可能多的时间启动和执行相关预案。

4. 进入危机状态之后，如遇正常交接班时间，运行中心和现场团队取消交接班，实行岗位双班工作，互为备份，同时动态通知第三班人员危机状况，保持通信畅通，随时待命，在接到新命令之前按既定交接班时间到岗。

五、危机状态下的公共关系管理

运行中心事先确定不同危机状态下的公共关系矩阵，在宣布进入危机状态之后，依照事先确定的沟通渠道及时通报。运行中心要事先拟定媒体通稿

格式文本，在宣布进入危机状态之后，危机管理团队的每一次会议都要确定当下对外沟通口径，发布通稿和接受采访。除了指定的对外沟通责任人（如新闻发言人），运行体系内部的任何人在未经特别授权的情形下，不得对外发布任何信息。

第三节　预　案

预案是针对事件的解决方案，也是穷尽一切可能的行动方案。运行管理的最低水平，就是对于运行过程中可能发生的任何事件，都有事先准备好的处置方法，落实到文字上就是预案。这个要求看似很高，实际上并不离奇，也不困难，以往发生过的所有事件以及对事件的处理过程都是制定预案的样本，只要将曾经发生过的事件分类研究整理好，就可以做到。

运行管理不打无准备之仗，不但要对所有可能发生的事件做预案，还必须定期按照预案进行演练，尤其是那些发生概率相对较小、等级较高事件的预案，保证所有相关人员常备常新。

一、预案综述

预案有权威性。“预案”在英文中直译为“plan”，也就是计划，“应急预案”直译为“contingency plan”，可知在英文中很难找到与中文“预案”含义接近的词汇，究其缘由，在西方社会环境中，无论是在企业还是在政府机构，已经形成了比较完整的策略和流程体系，宏观上与法律接轨，微观上规范了个人行为准则，变通的空间非常有限，无论是日常运行还是处置事件，在行事规则方面不容轻易妥协。反观中国，是一个有着千百年“包青天”情结的社会，认为精英的个人力量大于规则的能力，社会能否平稳运行，在人文精神层面更依赖个人，而不依靠社会规范，同时在汉语语境中，“计划”带有更多的预期成分，可能达成，也可能无法做到，做不到也没有那么要紧。如果将“预案”理解为“计划”，在中国现阶段环境下，将极大弱化“预案”在运行管理中所应有的权威性。尽管近三十年来，中国社会已经开始转向依靠法律、规则和规范来管理，但是在人们的内心深处，转变并非一蹴而就，即便领导的指示与规定有所不同也大都要遵照执行的。

在国内实施国际性超大规模综合项目运行管理的实践中，为了与国际合作伙伴顺畅沟通，我们曾经将“预案”等同于 P&P（Policy & Procedure），直接翻译是策略与流程，当时这样做的目的当然为了保证中外双方都能够准确理解讨论的具体内涵。实际上，无论怎么称呼都不要忘记对预案功能的理解，这样才能在中外思维模式有差异的情况下做出正确判断。尽管现在所阐述的运行管理理念主要受众是中国人，并不等于思维模式没有差异。目前从事管理工作的国人中，很多接受过现代管理学教育，学习过从西方引进的原版课程，由于教学中往往对中外语境的差别缺乏清晰认识，学员容易从英文字面和简单直译来构建自己的知识基础，落实到“预案”这个概念，骨子里常常脱不开“计划”的影子。在此必须强调，运行管理中说到的“预案”不是中文意义上的“计划”，其地位等同于“命令”，必须不折不扣地执行到位，任何人都没有权力和理由在运行过程中擅自更改既定预案。

预案之所以可靠、可行、可操作，皆因预案取材于现实中发生过的真实事件，无论是成功经验还是惨痛教训，都应当成为制定预案的依据。预案的选题和内容决不可闭门造车、凭空想象，也不可天马行空、无所顾忌，对过往经验教训的总结是预案完备性的坚实基础，而有法可依、依法行事则可保障预案合规。

预案并非一切从零开始。对于每一个运行单元，以往发生过的所有事件以及对事件的处理过程，都是制定预案的样本。例如“大雪封路造成数万辆车拥堵百余公里高速公路长达七十小时”，这组数据已经说明当时的状况多么严重，无论以往的处置是否得当、是否出现过重大失误，对这些样本的分类、研讨和总结就是形成最终预案的过程。在此过程中，不应该过多纠缠于以往的处置细节和责任认定，而是要回过头来认真研习相关的法律、法规、操作规程和条约（如果有的话），在此基础上对以往的事件处置过程进行复盘，找出成功经验和失误产生的根本原因，这样制定出的预案不仅可以有效地处置事件，也可以保证预案本身是合规的。针对上面那个具体事件，检验预案的最终标准就是在再次出现大雪启动预案后，是否再次发生长时间大面积拥堵。如果预案执行后没有达到预期效果，就要再次修改预案，不断地在实践中完善预案，让每一个预案都成为经验的结晶。

预案与运行流程有关。事件应对流程中可以看到，依靠预案解决具体问题。预案本身不涉及事件处理流程，只要标明进入和退出事件流程流程的节点就可以了。

依靠预案应对事件是“法治”不是“人治”。我们常常可以在新闻报道中看到，当一个重大事件发生时，高层领导亲临现场指挥，例如市长亲临重大火灾现场，亲自指挥灭火和救援，这是现实中常见的状况，也是新闻媒体经常报道的重点，这其实是“打无准备之仗”的表现。重大紧急状况的处置应当遵循既定预案，一位市长通常没有接受过专业的救援培训，他所掌握的是行政资源，如果危急时刻的救援要依靠行政命令来指挥，其专业性将大打折扣。运行管理强调用预案来应对事件，并不是要挑战行政命令的权威性，也不是挑战行政关系调动资源的权限，正相反，这种行政关系和权威应当在预案中得到充分体现，并且在预案的制定过程中确定下来，也就是说，预案并不是超越行政权限，只是要克服临时性行政命令的缺点，在紧急关头要让每个参与事件处置的人都在第一时间知道自己应该做什么并且马上就做，而不是等待行政命令。看起来行政权威性在事件处置现场有所减弱，但是运行管理认为，行政关系是为公共安全和公共利益服务的，没有理由将专业的事情交给非专业的行政领导现场调度和决策，并承担责任，这对于公众利益而言是有害，对那些领导而言则是不公平的。

二、预案的制定和演练

预案源自职责，有责任才要行动。预案告诉大家应该如何行动，预案演练帮助大家正确行动。

那些事件处置成功的案例，其特征是于法有据、措施得当、实施到位(即没有出现人为失误)，简言之即预案有效且运用娴熟。而不成功的案例，其特征是措施不得当或事先没有准备好措施、临时敲定解决方案、实施不到位（也就是人员没有经过相关培训或培训不合格)，最差的案例是在合规方面上违背基本法理，预案缺失或执行不力。

1. 预案的制定

预案由主责部门制定，谁使用谁制定。涉及多个平行部门协调配合的预案，由主责部门牵头制定，上级部门协调诸配合部门会商后定稿。

每一个运行主体都是由基本功能单元构成的，原则上它们都有各自的明确职责，它们之所以存在，就是因为它们有解决问题的责任。在其职责范围内，每一项事务都应该是具体而微的，都可以明确列出，制定预案的第一项工作，就是列出本运行单元的预案目录。目录应当涵盖本运行单元职责的全部。

涉及需要多个部门配合处置事件，在现实中大多依靠长期以来部门间形成的默契加以实现，这些默契的方式有部门共同发布的红头文件、内部通知、会议纪要、不成文的口头约定等。不可否认，在管理实践中这些默契在大多数情况下能有效处置事件。在运行管理的理念中，这种默契需要变为落实在书面的、可执行的预案，其好处在于：一方面尊重现阶段行政格局，并保证在人员变动的情况下也能完全落实到位，另一方面，落实在文字上的预案便于在实践中通观全局、发现不足、及时完善，尤其是那些停留在口头的约定，在落实到文字时能够更加规范、保证合规。同时各方面都有明确的讨论、完善对象，也便于在预案演练中保持行为的一致性。

可以想见，某个运行单元在预案制定过程中，一定会涉及到其他功能单元的配合协调措施，在此须强调“主责”，即主责一方有权要求相关其他功能单元配合提交相应的处置措施，各方要通过研讨确定各项措施的交接界面以及沟通机制。在条块分割的状况下，各方的配合往往需要通过行政关系来实现，貌似一方“求人”，另一方“被求”。配合的阻力会有，但并不完全来自主观上的抗拒，而是源于对运行管理理念的不了解，这很正常。事实上，各个功能单元都要制定各自的预案，没有谁会是纯粹的“被求”的一方，因此，当“用预案应对事件”成为日常运行管理的统一要求时，任何一方都会逐渐理解配合的必要性。上升到法理上讲，即使不做预案，运行单元也要依法行政，而且其规则和流程都必须公开透明，任何一方没有权力拒绝透露，当然，在实行运行管理的初期，需要考虑到从传统行政方式向运行管理方式的过渡，以培训和宣讲为主，实现各方达成共识，避免相互推诿和指责。

2. 预案的演练

预案的演练有两种方式，一是桌面推演，二是实战演练，两者形式不同，具体情况稍后详解，先看演练都有哪些要素。

演练导演组及其工作内容：导演组由预案的主责方牵头组成，预案中的各配合方派员参加。主要工作是根据需要演练的预案编写演练脚本，设定演练的起止时间段、选择规定情景、选定事件发生的时间和地点、设置气象条件，在演练过程中根据演练进程指挥演练官在现场启动事件。演练结束后主持演练评估和讲评。

演练官及其工作内容：演练官不是参演人员，而是在导演组的领导下，持演练脚本在现场给参演人员出题、观察和记录参演者的反应和应对表现，并参与演练评估。演练官以独立机构的专家为主要来源，应该是某个领域的专业人士，按照专业特长分配至特定的演练现场，演练之前还需要接受特定的培训。

参演人员及其工作内容：演练可以被视为最接近真实场景的培训。预案中涉及的所有人员都是参演人员，其工作内容与其岗位职责描述没有任何区别。参演人员本身是各岗位的工作人员，本应该对相应预案烂熟于心，演练过程中只要照常工作即可，演练过程可以检验参演人员对预案的熟悉程度、理解准确性和执行能力。

演练评估和讲评：导演组在演练结束召集全体演练官对演练效果进行评估，主要包括参演人员对事件的响应速度、事件定级和升降级判断准确性、预案启动的正确性、执行能力等，对于参演人员所犯错误进行归纳总结。评估结束后，导演组召集全体参演人员讲评演练结果，对于演练中出现的错误，要以互动方式与参演人员进行讨论，给出正确做法，并讲解清楚，确保参演人员理解错在何处，如何正确行事。

演练并非纸上谈兵，可以在技术平台上进行。具体描述请参见本书第七章中的“演练模块”。

现在回过头来解释桌面推演和实战演练。两者都可以借助技术平台上的演练模块进行，演练要素基本相同，区别在于：

桌面推演：全体参演人员围坐在会议桌四周，演练官宣布演练开始后按照演练脚本给出场景，参演人员根据自己的岗位职责口头说出应该采取的措施，并在演练模块中输入相应信息，直至演练结束。其特点是不进行现场实际操作。

实战演练：全体参演人员分布在真实演练环境中，演练开始后，各岗位参演人员要在现场实际操作预案中的规定动作，其特点是既考核判断的正确性，也考核执行的准确性。

三、预案要素

预案要素包括事件描述、保护和预防、预测和预警、解决方案、行为列表、应急资源和公共关系，详细如下：

1. 事件描述

事件发生的时间、地点、等级（参见态势信息分级）和详情。在详情部分最重要的是描述事件发生后对运行的影响以及影响范围的边界，例如路面塌陷，要说清楚这个事故发生后，周边是否有其他道路可作为备份、不能正常通行（中断和拥堵）的范围边界。这样描述的目的是要确定在事故发生后，备份能力有多少、依旧保持正常运行的分界在哪里。这是运行管理与事件管理在思维方式上最明显的区别。

2. 保护和预防

描述针对这一事件，防止其发生的保护和预防措施。仍以路面塌陷为例，每日巡查、定期探伤、维修和翻建等。要在预案中同时明确这些措施的具体实施责任人（只标注岗位或身份，不指定具体人名）。

3. 预测和预警

描述针对这一事件，所应当采取的预测和预警措施，以路面塌陷为例，应根据修建档案预测其寿命周期，列出塌陷的预警指标，如探伤报告中孔洞的尺寸达到某个数值。预测和预警措施的责任人也要在预案中明确（只标注岗位或身份，不制定具体人名）。

4. 行为列表

对每一项行为都要给出实施人、如何操作、通知哪些相关人员、从哪儿获得资源、实施到位的标志是什么。

5. 解决方案

一些较为复杂的行为需要正确的解决方案。请参考附录三《城市道路塌陷处置预案》模板，在“行为列表”中，收到道路塌陷报告（行为 1）后，现场首先通知交警采取断路或部分断路保护措施，调整临近道路路灯信号以分流（行为 2），市政对塌陷情况探查（行为 3），如果有人身伤害则转由刑侦部门介入，现场交通不能在短时间内恢复，需发布公告（行为 4），如果没有刑事事件，则可以进入维修，由路政部门决定立即填埋，给出预计恢复通车时间并公告（行为 5），或需扩础、加固地下管线后填埋，给出预计恢复通车时间并公告（行为 6），或临时铺设钢板恢复通车，待夜间断路施工恢复路面，需公告（行为 7）。要针对上述每一种行为给出解决方案。

6. 应急资源

描述资源的数量、所在地点、责任人及联系方式。

7. 公共关系

预案中要拟定新闻通稿、向预定媒体主动发布信息（公告通稿）、召开新闻发布会。

为了详细说明预案应该是什么样子，本书以“城市道路塌陷处置”为题做了一份预案模板，请参见附录三。

【注意】2005 年 1 月 26 日，国务院第 79 次常务会议通过了《国家突发公共事件总体应急预案》，于 2006 年 1 月 8 日发布并实施，随后各省、直辖市政府出台了相应的《突发公共事件总体应急预案》。这组文件不仅是预案，还包括了应对突发事件的组织体系、运行机制、应急保障和监督管理，也包括了突发公共事件的分级定义、预警标识、报告原则、信息公开发布原则、奖惩、应急预案体系等，背后依托的是属地管理为主的应急管理体制，它们在 2007 年《中华人民共和国突发事件应对法》出台之前，起到了积极作用。

站在运行管理的角度不难发现，在当时的历史条件之下，这组文件已经尽力在现行体制下找到新的方式，以应对各种触不及防的突发事件，直白地讲，要在条块分割为主的行政体制下建立多部门协同应对突发事件的新行为方式，其中显然还有一些模糊地带，而这正是运行管理所要解决的问题。因此，有了 2006 年出台的《国家突发公共事件总体应急预案》不等于这本《现代政府运行管理》在炒冷饭，也不代表政府已经具备了成熟的应对事件的体制和解决方案，更不意味着预案只在突发事件上有意义。在运行管理的视野中，与社会运行相关的事件，只要发生就要用预案来解决，不论它是不是突发公共事件，它关系到要不要从“人治”过渡到“法治”的大原则。因此，建议熟悉《国家突发公共事件总体应急预案》的读者在读完本书之前不要急于下结论，因为本节所阐述的“预案”与您在《国家突发公共事件总体应急预案》及其衍生文件中熟知的“预案”有不同的背景。

第六章

改革——调整和创新

改革包括调整和创新。运行管理理念中的体制改革，强调对宏观运行的控制和持续完善，强调每一届政府应该对体制进步做出贡献。

调整就是在运行过程中对政府现状进行微调，其关键词是控制，每一项体制调整措施能否顺利实现，取决于它对现实社会运行平稳度的影响，所谓控制就是将社会的总体态势置于可控范围之内，只有宏观受控，微观调整才有现实意义。

创新是政府和政府性机构对社会发展所做出的革命性贡献，在深度和广度上通常牵涉较广，例如产业结构、人口政策、教育政策、社会保障政策等的重大改变，其关键词是法治，每一项创新都让社会更接近宪法所描绘的理想中国。

中央政府有两大职责，一是将保障社会平稳运行置于掌控之内，二是认真听取社会各界诉求，审时度势，锐意改革，为社会进步做贡献，这两项工作的基础是全社会运行态势信息系统，运行规则和运行流程主要用来完成第一项任务，本章所讨论的，就是如何以全社会运行态势信息系统为依托，完成好第二项任务。首先，运行管理将改革分为调整和创新两个阶段，调整是对政府现状进行微调，不大动干戈，解决短期问题；创新则是在宪法的范围内提出新的宏观战略，如产业结构、人口政策、教育政策、社会保障政策等，在保持社会平衡稳定运行的前提下，谋求构建符合宪法的新体制。

第一节 调 整

一、调整的定义

调整是对现行法律、制度、体制等进行局部调整，是一种修补完善行为，不对现状进行伤筋动骨的改变，关键词是“控制”。调整不能为所欲为，所遵守的底线是宪法，所谓“控制”，就是调整必须受控，要建立在尊重现实的基础之上，研究调整措施的合规程度、与现行法律和体制的关系、与社会现实的匹配融合程度等，要研究调整措施是否能够有效解决问题。调整的核心是抓住现行体制中的不协调之处、现行法律法规中相互矛盾的条文等，进行调整。

二、调整的总体原则

用合适的方法工具来控制调整的进程，避免“一言堂”和“一哄而上”，避免以搞运动的方式推进调整。

以往的调整常常是被动的。问题积累久了，到了不得不解决的地步，领导发了话，各方才能坐下来协调，责权利的考量交织其中，最后一般只能靠领导拍板决定，这种调整往往不能真正解决问题，多数情况是再次析分责权，有时候是部门利益的重新划分，更有甚者，给权力寻租留下不良空间。

问题久拖不决必定有内在原因，要寻找部门责权之间的关系，重新明晰责权或是重新分配部门间的利益，归根结底不能忘记政府和政府性机构的行为规则和服务对象，因此，要解决这类并不意味着下决心就行，而是应该利用科学的方法循序渐进地分析问题的症结、研究和论证调整措施合法性、合理性和可操作性。部门之间的责权要服从于行为规则和服务对象的需求，部门的利益分配要以社会运行的健康为第一要义。

三、调整的方法和工具

调整分三步走，首先在运行态势的基础上进行，对问题所涉及的部门进行行为分析，看究竟是有法不依，还是体制矛盾，确定调整方向；第二步是拟定调整措施；第三步是对拟定的调整措施进行合规分析、论证和确定。

第一步：问题所在部门的行为分析　政府要依法行政，政府性机构要按规则办事。行为分析就是要分析问题所在部门在行政的过程中是否遵守了现行法律法规，以判断问题久拖不决是因为有法不依还是体制矛盾所致。

行为分析的依据之一是运行态势中的诉求记录。工作人员某类行为的3、4级投诉事件数量达到一定规模时，就可以列为行为分析对象。另一个依据是暗访和巡视结果。

行为分析的结果主要有两类：一是工作人员的行为没有遵守既定的法律法规，而是服从于某种不成文规定、惯例或潜规则；二是体制问题，即行为本身符合法律法规，但是规则本身滞后于社会发展，或相关多个部门所依据的法律法规有相互矛盾之处，或管理边界不清楚、责任者缺位等。这两类结果能够清楚表明问题的根源，为确定调整措施的方向。

当然，行为分析的结果也可能证明既不存在有法不依的现象，也不存在体制矛盾，有一些诉求本身是不合理、不合法的。对于这些诉求，要用公开回应的方式，说清缘由，明确拒绝，并在态势信息系统中关闭。

第二步：拟定调整措施 在运行态势诉求记录中，那些久拖不决的问题记录会包括投诉人的建议，它们是拟定调整措施的重要参考信息。

调整措施最基本的功能是见招拆招。根据问题部门行为分析的结果，可以判断调整的方向。对于用不成文规定、惯例和潜规则代替法律法规的行为，要具体分析成因，属于顶层设计运行规则缺失的要通过制定规则来解决；一线工作人员行为不规范的要制定有效监督措施，明知故犯的要依法处置；属历史遗留问题的要正本清源，依法解决；对于确属行政体制导致的问题要充分研究诉求态势信息中的建议，能够通过清理、废止或修订过时法规解决的尽量解决，管理边界不清楚的尽量通过体制调整加以明确。对于必须通过体制升级才能解决的问题，要归结到创新途径。

提出调整措施宜广开思路，大胆建议，小心求证，要珍惜所有灵光一现的新观点，提出措施建议不加限制，畅所欲言，不轻易否定调整措施建议。

针对同一个问题拟定的调整措施应该有多个备选方案。

第三步：调整措施的合规分析、论证和确定 合规本是商业银行内部监管的工具，运行管理将它延伸定义为“确定现行法律、制度和体制的法理依据”。调整措施的合规分析就是在面对综合性问题时，要对备选的调整措施进行法理依据分析，以保证依法行政。

合规分析有助于明确备选调整措施与现行法律、制度和体制的关系。调整的特点是局部性，调整措施必然要和其他不在调整范围内的法律、制度和体制共存，要研究它们之间的适配性，看是否会派生新的问题，如有新问题，其严重程度如何。分析结果将决定某个备选方案是否可以投入实施。

主持论证备选调整措施必须公正客观。在现行体制中，往往将调整作为重新分配利益的借口，而不是真正解决问题。有些人出于局部利益的考虑，不切实际地夸大导致问题的原因，误导调整措施方向，因此论证调整措施的主导者不可以是问题的利益相关方，而是由顶层设计主导，邀请相对中立的政策研究部门，如体制内的政策研究机构进行，也可以邀请专业顾问公司参加。凡是介入这项工作的人都要自律并受到监督，防止成为利益集团的代言人。他们所要坚持的是始终代表社会大众利益，为医治社会顽疾而不懈努力。

论证备选调整措施是否能够有效解决问题可以采取桌面推演方式，逐个步骤推进，设“质疑席”随时提出疑问，制定措施的一方即时给出解答，给不出解答的要回到原点重新设计调整措施，如此往复，直至推演完成。推演过程是调整措施逐步完善成熟的过程，对于最终完成推演的结果要进行评估，以确定能够解决问题。

论证备选调整措施时，要考虑这些措施与社会现实的匹配融合程度。社会现实主要指的是民情，需要研究调整措施是否为百姓所接受。对于政府而言，政策的连贯性要依靠遵守宪法来保障。调整措施不可以将牺牲一部分百姓的利益作为代价，例如对外地户籍学生入学的限制性政策。社会现实还包括在道德、人伦方面的考量，调整措施不可以违背社会公认的道德准则和人伦常理，不可以变相鼓励百姓用违背道德、人伦的行为以符合政策的规定获得利益，例如政府限购住房政策派生的假离婚等。

论证完成后的调整措施须经法定程序批准后方可实施。

下面以“由政府采购电动轮椅配发给残疾人”的诉求为案例，简要演示调整的方法和步骤。

案 例

诉求：由政府采购电动轮椅配发给残疾人

行为分析：因为目前国家没有这项政策，民政部门没有满足这个诉求，只能按照有关规定向残疾人提供补助，由残疾人自行决定是否购买电动轮椅。民政部门的行为总体上没有问题。

备选调整措施：政府采购电动轮椅配发给残疾人，同时制定电动轮椅产业政策，从产品研发、制造到维修服务，培养新市场，将简单的政府扶助行为转化为可持续发展的新兴行业。

备选调整措施的合规分析和论证：

合规分析：《中华人民共和国残疾人保护法》第一章“总则”中第一条明确提到“保障残疾人平等地充分参与社会生活，共享社会物质文化成果”。第二章“康复”中第十七条、第六章“福利”中第四十条、第四十一条等条款可以作为本备选措施的法律依据。

论证要点：

◎ 如何定义采购操作模式？如何定义发放标准和流程？维修服务是否也由国家采购还是由残疾人自行负担？资金来源？

◎ 市场规模有多大？如何制定相应的产业政策？如何制定产品标准？供应商须有资质还是零门槛准入？

◎ 轮椅残疾人出行增加还要依靠全社会交通体系的改善，公共场所的无障碍设施、道路、公交车、城市轨道交通、火车、航空等的配套设施应该如何同步改善？是否有相应的法律强制推行这些配套措施？

◎全社会交通体系对轮椅出行的友善程度与电动轮椅需求量的关系如何？一旦本调整措施得到批准，这个关系对于产业政策与交通体系改善进度有什么促进意义？

◎残疾人出行的增加，意味着他们将更多参与社会生活，融入社会，在医疗和康复训练方面的调整措施有哪些？

◎为残疾人配发电动轮椅，目标是要让残疾人走入社会，摒弃特殊照顾，与健全人共享公平竞争就业机会。这种调整有助于残疾人养成独立人格，让残疾人尽快摆脱依靠扶助才能生活的定式。以此为目标，目前残疾人在接受教育、职业培训方面要做哪些配套调整？公平就业方面的法律应该做哪些调整？

【注意】诉求层面运行态势会向管理者持续不断地提出调整的新课题，调整既是一个循环往复的过程，也是一个循序渐进的推进过程。用公开回应的方式拒绝不合理的诉求，意味着管理者的工作必须深入细致，拒绝必须有理有据，说话才有说服力，这部分工作做好了，能够付诸实施的调整才有意义。调整措施充分参考诉求内容，为的是始终保持思想新鲜，时刻与大众保持最密切的协调。合规分析的结果有可能证明，对于所有备选的调整措施，除了宪法之外都没有合适的下位法做依据，这并非坏事，因为这说明，需要调整的是下位法本身。同样的道理，体制方面积累的沉疴也可能让调整措施的论证陷入无解，简单的调整已无可作为，但是不必灰心，因为这正是创新的切入点之一。

第二节 创 新

一、创新的定义

创新就是在调整积累到一定程度的基础上构建新模式，换言之，创新就是要寻求深层的突破，在理论和实践两个方面构建符合宪法的新体制。

创新凝聚了政府在长期实践中对全局研究的成果。所谓创新不是推倒重来，不意味着对过往全盘否定，而是要总结长期实践的经验和教训，对宪法的精髓做出更准确的解读，在与社会大众达成广泛共识的基础上，创建更有效和更公平的社会运行秩序。

二、创新的总体原则

创新要用进步的眼光看待以往恒有的模式，大胆假设，小心求证，审慎决断。

创新要认真研习和反思。一方面不能对长期存在的问题麻木不仁，对一些与宪法相抵触的体制和做法熟视无睹，忘记了根本；另一方面要具备宏观视野和综合思维能力，勇于挑战既有格局和行事方式，敢于质疑教条。有些政府自我赋予的权力在某个阶段可能是有效的，但到了新的阶段就可能成为发展的阻力，在这种情况下，仅仅是简政放权可能导致无章可循或部门不作为。正确的做法是逐步升级，以新换旧，只有将创新的实施内容论证清楚了，让新体制发挥作用，才能真正废止落后的格局。

要严格防止调整与创新相混淆。在一定历史时期内形成的一些具体做法，也许并不完全与宪法相抵触，但是部门设立、责权分配、考核方式等所构成的体制往往会导致整体运行结果效率低下，不能完全实现社会的公平正义，因此要用调整的方式加以修补和完善。但是局部调整和整体创新是两个不同的范畴，如果混为一谈，很可能大家的目光会集中在具体而微的调整上，而忘却真正的创新，令政府失去促进社会进步的能力，不仅不能彻底解决一些重要问题，还无形中阻断了创新之路，因此分清两者的内涵和外延非常必要。

严禁以创新的名义挑战宪法。挑战宪法就是挑战社会根本利益的归属，不仅非常危险，而且有害。打着创新的幌子制造新的社会不公以获得利益，是创新过程中必须警惕的。要知道，修宪不是不可以，但是修宪是全国人民代表大会的职责，作为政府，首先应当以敬畏之心尊重和遵守宪法。如果确实认为有必要，应通过合法方式向全国人民代表大会提出修宪的建议。

三、创新的方法和工具

第一步：法律是创新的必备工具 创新有边界，不可超越宪法。根据宪法制定的下位法，在大多数情况下都是创新的法律依据，但是也有例外，就是一旦下位法的某些条款缺失，或被证明对于宪法的诠释有瑕疵，影响了体制的健康，那么下位法本身需要修订。创新构建新体制需要在完备、配套的法律体系下完成进行，因此法律修订会成为一盘创新大棋局中不可或缺的重要组成部分，政府遇到这种需求时，必须主动向立法机构提出申请。在法律依据完备的条件下，政府才有可能根据运行态势中反映出来的问题，梳理所有相关部门的职责和边界，重新划定职责范围，直至撤销和重组职能部门，形成新的体制。为加深理解法律在创新中的作用，请参见下面的案例“治理小广告”。

案 例

治理小广告

目前，工商、城管、公安等部门都没有根治小广告的办法，集中整治式的打击和治理只能管一时。如果能够将小广告上公布的业务电话强制销号、对互联网相关联系方式（电子邮箱、微信号、QQ 号等）强制封号，岂不是可以令小广告失去商业作用，小广告可以就此销声匿迹？且慢，此举在法律上尚无依据，法律没有授权电信运营商在特定条件下对用户进行销号处理，互联网供应商也没有得到所需法律授权。要实现这一举措，必须通盘考虑所有步骤，并通过立法、修法途径落到实处。

◎要让任何人都可以持小广告（实物）进行举报，包括公众、政府职能部门的工作人员——须立法，对什么是小广告、什么是制作、散发、张贴小广告进行定义，并对这种行为定罪。

◎认定犯罪行为——须立法，规定由谁受理举报、如何认定犯罪行为，如何辨伪，即防止有人将普通公民的电话号码和其他联系方式印制在小广告上陷害他人。

◎认定犯罪行为后销号和封号——须修法，修改《中华人民共和国电信条例》，规定由谁通过何种方式通知电信运营商销号；对基于互联网的服务制定法律。

◎善后——须修法，规定如何处置该号码用户与电信运营商之间的债权债务，例如用户欠费须无条件归还，用户预存话费全额罚没上交国库等；都须在相应法律中明确规定如何善后。

上述立法和修法完成只是第一步，条块分割体制下，工商、城管、公安等部门在治理小广告事项上的责任依然各自独立。在体制不变的情况下，只能进一步定义各自职责，例如可以由工商负责认定和辨伪，通知运营商销号；由公、检、法依法查办犯罪；取消城管在治理小广告事项上的管理职责，制定明确的规则和流程来解决。如果体制得以升级，则可以通过条块联动、协同行政更彻底地解决问题。

第二步：创新的综合分析 任何创新都有动因，是为了解决问题，不可为创新而创新。从运行态势中可以明确看到，历次调整都无法解决的问题大都是体制本身的问题，也是社会大众长期以来持续不断提出述求的焦点。哪些领域最终需要通过创新来解决问题，要经过综合分析得出，包括筛选创新主题、问题成因分析、创新方案的超前性分析等。

筛选创新主题 从运行态势中确定创新主题而不是选择主题，就是要透过现象看本质，通盘考虑有关联的现象，汇聚成创新主题，简单地从运行态势中选择创新主题容易落入“头痛医头脚痛医脚”的模式。运行态势的好处是能够提供真实状况，要不厌其烦、不嫌其详地从具体事件入手，注重细节，要善于从细节中看到问题的本质，所确定的创新主题既要能够解决问题，也要对全社会有益。为了说明如何从相关的现象中总结出创新主题，请看下面的案例“让残疾人平等地和健全人共同分享社会生活”。

案 例

创新主题：让残疾人平等地和健全人共同分享社会生活

从态势信息和社会观察中能够发现的社会现象有：

◎在公众场合遇有轮椅残疾人出行，为轮椅配套的残疾人设施不配套，即使轨道交通、商场、写字楼等修建了无障碍设施，但是路面公交、出租车为轮椅服务的能力较差，全社会没有形成完整的轮椅出行系统，总体上不利于轮椅残疾人出行。

◎大多数残疾人仍属于生活比较拮据的人群，买不起电动轮椅，出行更为不易。

◎视障残疾人出行也困难，盲道不连贯、携带导盲犬乘坐公共交通工具在大多数情况下仍有不便。

◎残疾人教育和职业培训本应该在人格上鼓励残疾人融入社会，而各种“献爱心”的活动却总在时时刻刻提醒残疾人：自己的身份是弱势群体。健全人在献爱心的同时，忽略了鼓励残疾人的独立意识。

◎为残疾人服务的康复和训练机构普遍需要自负盈亏，一方面导致收费水平超出残疾人的支付能力，另一方面教师的工资普遍不高，显现出扶助政策力度不足。

◎残疾人谋求就业仍处于请求施舍的状况。

◎为残疾人制造特殊用品的行业整体研发水平不高，产业化能力不足。

以上现象存在已久，到了人人熟视无睹的程度，涉及范围之广，不是几个部门商量一下就能够改变的。对于残疾人究竟是应该待在家里接受救助，或是自我抱团（如残疾人工厂、按摩诊所等），还是走出家门和健全人共同生活在一个社会大环境里，全社会目前都还没有形成共识，虽然《中华人民共和国残疾人保护法》第一条明确提到"保障残疾人平等地充分参与社会生活，共享社会物质文化成果"，但在社会保障体系中还缺乏具体措施保证残疾人融入社会。残疾人所受到的歧视、他们的弱势地位和生活中的不便并非孤立现象，如果能够在社会保障体系中确立"让残疾人平等地和健全人共同分享社会生活"这一原则，并据此重新构建社会保障体系，便有可能让残疾人的生存状况得到改善。因此可见，确立"让残疾人平等地和健全人共同分享社会生活"这一原则，是一项促进社会进步的创新。

问题成因分析 需要用创新的方式来解决的问题，一般都是积重难返的"老大难"，问题的时间跨度很长，可上溯三五十年。要解决它们，必须了解历史。新中国第一部宪法出现在1954年9月，自那时起，体制建设并非一帆风顺，从受苏联影响的计划经济时代到十年"文革"，再到改革开放时代，宪法中所强调的自由、平等、公正、法治等，从观念到落实，不可能一蹴而就。一些问题看上去无解，就是因为它们的身上包含着历史遗存，一些细微的改变有可能是对历史上某些做法的彻底否定，反过来说，一些被彻底否定的历史上曾经的制度和行为，在被否定的同时并没有彻底清理所形成的结果，因此，问题的成因分析非常必要，只有搞清楚来龙去脉，才能找到突破口，一些需要政治解决的问题最终要以宪法为准绳。

从全社会整体发展的层面对涉及的诸多政策统一分析，有利于发现各自的外延和相互关系，无论多个因素之间相关程度高或低，都不应当通过相关部门坐在一起讨论来解决问题，因为以往的经验表明，职能部门主要是执行既定的法律法规，各有各的立场，部门之间法律法规的不协调所导致久拖无解的问题，靠部门之间的协商很难找到合适的解决方案，还是要依靠专职政策研究部门在更高层级解决，问题成因分析也应当在这个层级展开。

为了帮助理解上述观点，请参见下面的“实现公平教育的制度创新”案例。

案　例

创新主题：实现公平教育的制度创新

问题成因分析

目前，对于幼儿园、小学、中学、职业学校、大学和民办教育机构，涉及的政策及可能影响公平教育的因素包括：

◎入学与户籍绑定的制度：入学是否一定要与户籍绑定？

◎强制教育相关法律：强制力不够，导致失学、辍学易发

◎免费与收费教育：免费教育应当独立承担为适龄者提供全程教育责任吗？收费教育应当成为免费教育的补充吗？

◎教育机构税收政策：如何鼓励私人和商业机构投资教育？

◎城乡公立教育机构财政政策：分级承担教育机构经费是否利于教师统一招聘和考核、均衡教师收入、保障学校运行？

◎捐资助学政策：私人和商业机构捐助教育可否抵税？

◎免费午餐：止于公益还是变为政府行为？

◎产业政策和教育政策应相向而行：政府出台“从劳动密集

型向知识密集型产业转移”政策，但现行教育体制还在大量制造受教育程度不高的廉价劳动力，并且集中出现在中西部和贫困地区，2010年国务院部署中西部承接劳动密集型重点产业，实际上默认了教育的不公平所导致的廉价劳动力分布现状。公平教育的目的在于提高全体劳动者的文化水平，与一、二、三产业的水平提高密切相关，制造业实现信息化、建筑业实现精细化、环卫实现机械化等才能得到人力资源支撑。如果社会对廉价劳动力的需求大幅度减少、对知识型劳动力需求大量增加，而教育界现实正好与之相反，产业升级就成为一句空话，总量上大幅度减少劳动密集型产业将无法实现，不能从根本上减少地区差别、减少就业性流动人口，全面提高社会生活质量和满意度就会落空。政府不能因为廉价劳动力暂时有出路，就认为教育资源不均衡、教育不公平的问题已解决。正相反，如果公平教育不能实现，不断产生的廉价劳动力将迫使产业政策走回头路，劳动密集型产业还将长期存在。

创新方案的超前性分析 创新要有前瞻意识和战略视角，一个创新动议既要解决久拖无解的问题，也要为未来开创新局面。在国家经济实力达到一定高度的时候，适度前瞻的创新对于开辟新产业、构建新型社会格局具有促进作用。以往确定的社会格局与当时的经济水平直接相关，非但不等于完美，而且必须思变。固守过往的模式，无疑将阻碍整个社会的发展，是一种偷懒的做法。高水平的创新就是综合考量面对的问题、已经具备的条件和未来可预见的能力，将解决问题与构建未来放在一个方案中实现。

为了帮助理解上述观点，请参见下面的“农村城镇化”创新案例。

案　例

创新主题：农村城镇化

现实：农村城镇化所面对的社会现实是农村人口不断向城镇转移，第二、三产业不断向城镇聚集，使城镇数量增加、规模扩大。农村自身的发展基本上只能依靠农民自己，现实中除了一些被商业化的旅游景点村，大量存在的是只有老人和孩子的空巢，伴之以原始的基础设施，城乡差别越来越大，农村越来越不适宜居住，一些文明久远的乡村被拆除，新建的农村千篇一律，基础设施改善有限，大部分地区乡土文化失去土壤，而现代文明又没能成功落地。

关键：如何在农村城镇化的过程中保持农村和城镇之间的均衡发展关系，一方面需要审视当前农村城镇化过程中存在的问题，一方面要探讨农村城镇化可能对整体经济格局产生的影响，努力减少负面影响，发现新的产业机会。

超前性分析：

◎由国家出资建设乡村基础设施，让农村人口可以在乡村享用城镇水平的水、电、气、暖、公路设施。这一政策对于稳定农村人口、提高农业生产水平、提升农民生活水平、保护农耕文明将带来怎样的变化？这种投入会给国民经济带来多大规模的新产业机会？

◎将铁路修入乡村，建设乡村火车站，缩短城乡交通时间，让农民进城镇工作、在农村居住，同时方便一部分城市人口转入远郊乡村居住。这一政策会给城乡格局带来怎样的变化？城市人口转入远郊生活对于缓解城市扩张有怎样的益处？对于同步提高农村和城镇的宜居程度，即百姓的满意度、幸福感是否有促进作用？乡村铁路系统的建设和运行会带来怎样的新产业机会？

第三步：制定创新方案　经过综合分析之后，可以筛选出一批创新主题，并对问题成因和创新方案的超前性有所分析，可以进入制定创新方案阶段。这个阶段的主要步骤有：专项调研、梳理症结、编制创新方案。下面以“公共交通创新方案”为例，具体说明实施上述三个步骤的方法。

案　例

公共交通创新方案

专项调研

因为运行态势中事件居多，获得的信息在深度和广度上有限，制定创新方案要从头开展调研，以保证对选定的创新主题的现状有全面翔实的了解。调研包括：

◎汇总运行态势中的相关信息。

◎采访与选题相关的各方，采访对象应包括乘客、路面公交车司售人员、调度和管理层、轨道交通公司工作人员和管理层、公安主管部门、交通主管部门等。

◎委托第三方做抽样调查，使暂时不参与公交出行的人也有机会表达意见。

◎与专业机构座谈，对象包括从事相关专业科研的高校和研究院所、道路和轨道交通专业的设计院等。

◎与交通政策相关的立法部门和政府部门交流，主要是涉及交通法规、国资管理、投资政策、国企监管、公开招标等业务的部门。

从调研成果中梳理症结，也就是最终要解决的问题。

◎对于公众而言，交通工具之间的衔接性不好，地铁内部换乘路线普遍超长、公交枢纽内无实时换乘信息、地铁出口附近100米内没有公交车站。**症结**：延长了乘客滞留在交通系统内的时间。

◎地铁设施内普遍缺少下行电梯，携带行李的乘客很难进入地铁，即便修建了火车站和机场的轨道交通，这种不便令乘客望而却步，改乘出租车或私家车。**症结**：轨道交通没能有效缓解路面交通压力，火车站和机场的专用轨道交通线路投资效益被降低。

◎公共交通企业在获取政府补贴的同时，没有向社会公布其经营状况，包括广告收入、票款收入、设施租赁收入、人员成本、运营成本等。**症结**：政府采购行为不公开透明，公交票价的定价和价格调整失去依据。

◎路面公交专用线不连续，没有真正实现公交优先的政策，路面公交无法形成有明确时刻表的交通网，不是有时间保障的交通工具，公众不信任路面公交，大量人群选乘地铁。**症结**：路面公交与地铁客流不均，尤其在出行高峰路面拥堵时段，路面公交不能为轨道交通分流。

◎路面公交和轨道交通的时刻表都没有公布，乘客无法事先规划自己的出行时间。**症结**：乘客凭经验出行，增加滞留在交通系统内的时间。

◎大部分公共交通设施是国有资产，经营这些资产为公众服务的公司主要是传统的国有公司，只有个别设施和运营公司为合资公司。从运营角度而言，其经营质量直接与公众出行便利与否有关，但是目前没有代表公众的组织对运行服务质量进行监管。**症结**：只能依靠运营企业的自律来保障和提高服务质量。

◎路面公共交通、轨道交通的服务热线只有呼叫中心的功能，可以解答常识性问题，但不能及时提供运行出现事件时的信息，不能跟踪事件的处理过程，例如某路公交车40分钟不出现，公交热线无法立刻告知乘客事发原因、何时车会到达等，只能将问题转给该线路调度员，希望由调度员直接回复乘客。如果调度员不给乘客回电话，服务热线也不会知道。**症结**：公共交通服务热线不能为公众出行提供即时、高效的信息服务，不能起到服务监管的作用。

◎为了限制高峰时段的人流，路面交通枢纽用金属围栏将人员出入口收窄，轨道交通则用金属围栏划分人员通道，在日常情况下，这些设施限制了乘客的流动性，人为降低了人流速度，造成每个人滞留在交通系统的时间延长；在出现紧急状况如火灾、爆炸、地震等突发事件人员恐慌的情况下，这些围栏将造成严重的踩踏事件。**症结**：人员输送效率低下，运行安全风险极高。

◎运营公司在乘客通行区设立内部黑板报、宣传栏、光荣榜等，用公共广播系统向员工下达工作指令。**症结**：占用公共资源为内部使用，降低乘客舒适度。

◎运营公司制定的乘客须知中，部分对乘客的限制性条款缺乏法律依据，或下位法与上位法不符，如衣冠不整者不得进站乘车、禁止表演和行乞、残障人士须有人陪伴乘车等。**症结**：乘客须知部分条款形同虚设，执行尺度随意。

编制创新方案

简单地针对症结提出解决方案，难免“头痛医头脚痛医脚”，因为症结是体制产生的后果，因此创新方案要从体制上寻找出路。

◎公交交通设施资产管理与经营管理分立，明确公共交通设施资产的业主，成立公共交通设施资产管理公司，对公共交通设施资产负全责，对公共交通的运行标准负全责。如有非公资本参与建设公共交通设施，注资的条件和利益是：注资方按注资比例拥有形成固定资产的所有权，但不拥有管理和经营权，需委托公共交通设施资产管理公司管理，可以出售转让，可以获得经营收益，但不享受政府的运营补贴。

◎公共交通设施资产管理公司是业主和业主代表，以下简称业主。业主要编制《公共交通服务水平标准》文件，向社会公开。此举的意义在于纳税人的钱在变成公共设施为公众服务的时候，公众能够明确知道这些资金所形成的公共交通系统应当提供怎样的服务。服务水平标准文件应当包括的内容有：

- 业主所提供公共交通设施和条件详细清单。
- 公共交通运营所应当达到的服务水平标准。

◎业主对每一条公共交通线路、轨道交通线路的经营权进行公开招标，对路面公共交通枢纽的运营管理进行公开招标，对卫星定位车辆信息通信系统运行维护进行公开招标。

- 对投标公司进行资质与资格审查。

• 参与竞标的公司必须承诺接受业主所提供的交通设施、满足业主规定的服务水平标准。

• 经营权有时间限制，有提前退出门限和过渡期约定。

• 以经营业绩的承诺作为评标依据，所谓承诺即盈利多寡或要求补贴的数额。

《公共交通服务水平标准》文件要点示例

业主所提供交通设施和条件详细清单

◎政府交通主管部门为每条路面公交线路划出公交专用道，落实公交先行原则，使得整个路面公交系统成为有准确时刻表的运营体系。

◎业主负责建设路面公交车站、路面交通枢纽、基于卫星定位的车辆信息通信系统。业主负责建设轨道交通车站、路轨及通号系统和专用通信系统，通盘考虑路面交通自身、轨道交通自身以及两者之间换乘的便利性、安全性。为尽力缩短乘客在交通系统内的滞留时间、携带行李出行提供便利，要计算所需上下行电梯和水平电梯的数量，提高单位时间内的输送能力。

◎业主制定各路面公交和轨道交通线路的始末班车时间和发车时刻表，在所有换乘节点以缩短换乘时间为原则设计到发时刻。节假日延长运营时间、增加运行班次、关闭站点的计划均纳入其中，有权在遇到重大社会活动时对时刻表做出临时调整。因临时调整增加的运营费用由业主承担。

◎业主制定车辆标准，路面公交车内需安装卫星定位车辆通信客户端。

◎业主在路面公交车站、路面交通枢纽和轨道交通站内设立公共信息显示屏，提供下次来车的车次和预计到达时间；设立触摸式查询终端，为没有互联网的乘客提供行程规划服务；交通枢纽内的公共信息显示屏要提供近30分钟内各个线路即将发车的时间、站台、终点站信息，轨道交通站内公共显示屏要提供30分钟内即将到达车次的时间、站台和终点站信息。

◎业主统一制定公共交通价格标准，除了按线路按里程的价格标准外，还要制定路面交通与轨道交通间的换乘价格标准、每日累计最高收费标准等，按照法定程序听证和报批。业主针对各类换乘价格制定各线路的分账规则。

◎业主建立统一的公交卡系统，乘客选择实名登记的交通卡可以挂失，位于轨道交通的各个站台和路面公交枢纽设立交通卡和单次卡人工销售和退卡服务台、自助充值终端等，对外招标合作商铺设立交通卡人工充值点和自助充值终端。业主建立统一结算规则和流程，各线路当日营业收入次日结算。

◎运行中心内设公共交通席位，以官网信息为依据，提供信息服务，接受乘客投诉，按流程处理各类事件。遇有线路临时停运、区间运行、临时封站、事故等情况时，依照预案和流程向公众发布信息。

◎业主编制路面公交、路面交通枢纽、轨道交通站内、轨道交通车内公共广播系统服务规范，禁止将公共广播系统作为内部运营通讯工具，例如呼叫某位员工到值班室接电话等。

◎业主编制公共交通标识和公告体系，招标供应商进行建设、安装、维护，包括路面公共交通枢纽内外、路面公共交通车站、轨道交通车站内外、路面公交车厢内外、轨道交通车厢内外，形式包括平面印刷、LED 显示屏、闭路电视等。业主制定标识管理办法，规定标识修理、维护、更新的标准，作为招标文件内容之一。

◎业主设立公共交通运行信息官方网站，即时提供路面交通和轨道交通信息，方便乘客出行前规划行程。遇有线路临时停运、区间运行、临时封站、事故等情况时，及时通过官网公布。

◎业主统一向政府主管部门申请公共交通体系内设置广告的许可，包括路面公共交通枢纽内外、路面公共交通车站、轨道交通车站内外、路面公交车厢内外、轨道交通车厢内外。业主根据批准的广告许可范围制定各区域广告占用的面积、LED 屏资源、闭路电视资源的限制标准。业主招标广告公司统一广告招商。

◎业主可以向运营公司提供运营补贴，补贴资金来自广告收入和政府补贴，补贴数额在招投标中确定，写入合同。补贴方式为参照以往经验预支，定期结算，结算的依据是运营公司透明公开的财务账目。如果所需补贴超出中标后签订合同中的数额，业主出于保障公交运行的目的仍可支付，但应依据合同条款启动终止合同程序，准备重新招标，原运营公司进入过渡期。

◎业主编制公共交通设施安全规范、公共交通运行预案。

◎业主统一编制服务指南，在公共交通设施内公告。指南中只能告知乘客在使用所提供服务时的注意事项，涉及限制性条款时要注明法律法规出处，例如携带大件行李需另行购票的依据是批准的价格标准，禁止吸烟的依据是公共场所禁止吸烟规定等。如果没有法律依据，不得设立限制性条款。

◎业主统一制定公共交通设施内街头艺人表演管理制度，其中包括各场所的表演区域、街头艺人表演水平考核和表演内容审核、每位街头艺人表演时段分配、街头艺人演出区域轮换周期、街头艺人演出资质审核周期等。

交通运营公司的责任和应当达到的服务水平标准

◎自行采购符合运营标准的车辆和通信设备、招聘员工。

◎编制运营流程，必须执行业主规定的始末班车时间和发车时刻表，遇有超过约定发车间隔的，要立刻通报运行中心内的公共交通席位值班员，由值班员通知公共交信息官方网站更新信息。

◎必须严格执行业主编制的交通高峰应对措施、公共交通运行预案，定期全员培训和演练。

◎编制运营管理预案，交业主审核批准，其中包括机动车辆设置、机动人员设置等。与业主共同编制危机处理预案，经运行中心批准后执行。

◎必须严格执行业主建立的交通卡、单次卡销售、退卡结算规则和流程。

◎必须执行业主规定的路面公交车和轨道交通车内清洁标准。

◎不得占用公共区域为公司内部管理使用，不得将公共广播系统当作内部运营管理工具。

◎不得擅自改变业主提供的设施，如设立或新增围栏等，如有需要，必须预案现行，只有包括在已经批准的预案中并且到达了启动预案的标准才可以实施。实施的主体是业主而不是运营公司。

◎运营公司的营业收入和支出必须向业主以及社会公众完全公开透明。

第四步：论证创新方案 创新方案的论证不能就事论事，要分析方案的实质，看创新方案是否能够形成新的体系，用体系更新的方式从根本上解决问题。具体论证的步骤是：论证用新体系是否能够解决问题、论证新体系的法理依据、论证新旧体系之间的衔接过渡。为了方便理解，仍以“公共交通创新方案”为例，具体说明如下。

案例 公共交通创新方案的论证

论证用新体系是否能够解决问题

◎**明确业主身份和职责。**业主统一规划公共交通体系的布局、衔接、技术手段、服务标准、运行保障和财务管理，并向公众公布。在统一规划路面和轨道公共交通资源方面，业主有责任采取各种手段，缩短乘客滞留在公共交通系统内的时间，提高单位时间的输送能力，并受到社会各方和公众的监督。

◎**明确服务导向，纠正以管理取代服务的现象。**身份不改变，服务的意识就很难建立起来。运营企业如果拥有服务质量的自我评价权，就很容易牺牲服务水平。用契约关系来明确服务标准，强制运营企业围绕为公众服务制定运营规程，而不是以自身最便利为第一要义，消除占用公共资源、降低运行效率等弊端。

◎**保障社会安全平稳运行。**公共产业的特征就是关乎大众生活，关乎社会安定，如果一味强调市场化，过度的市场行为有可能导致集团利益侵犯大众利益，导致社会恐慌，最后还要政府买单，收拾残局。在放开经营权市场之前，业主制定详备的服务水平标准，用市场行为中的契约精神来约束经营者的行为，而不是反过来，由经营者制定服务标准。

◎**打破分割运行的格局。**分割运行的管理跨度小，有一定的好处，是“各负其责”指导思想下的结果，但是不利于公共交通的整体协同运行，在现有体制下无法根本改变。业主身份的确立，有助于通盘考虑全局，特别关注资源的组合利用，并以契约方式发包给运营企业，运营企业之间的协调配合从过去的勉强和不情愿变成必须执行的契约条款。分割运行转变为协同运行的同时，管理跨度较小的优点得到保留。

◎**有效控制政府补贴公共产业的行为。**作为公众福利性行业，经营者应该以收支基本平衡为大原则，在出现入不敷出的情况下，为保障公众利益，政府有补贴义务，实施证明用提高票价增加出行成本的方式控制人口流动性的政策，效果有限且有失公平。政府补贴是政府采购行为，支出多少须纳入政府采购管理范畴，因此经营者收支项目必须完全公开透明，先保证运营收支得到监管，才能在票价政策与政府补贴之间建立起可调整的关系，使补贴的依据真实可靠。

◎**明确业主身份和职责。**业主统一规划公共交通体系的布局、衔接、技术手段、服务标准、运行保障和财务管理，并向公众公布。在统一规划路面和轨道公共交通资源方面，业主有责任采取各种手段，缩短乘客滞留在公共交通系统内的时间，提高单位时间的输送能力，并受到社会各方和公众的监督。

◎**明确服务导向，纠正以管理取代服务的现象。**身份不改变，服务的意识就很难建立起来。运营企业如果拥有服务质量的自我评价权，就很容易牺牲服务水平。用契约关系来明确服务标准，强制运营企业围绕为公众服务制定运营规程，而不是以自身最便利为第一要义，消除占用公共资源、降低运行效率等弊端。

◎**保障社会安全平稳运行。**公共产业的特征就是关乎大众生活，关乎社会安定，如果一味强调市场化，过度的市场行为有可能导致集团利益侵犯大众利益，导致社会恐慌，最后还要政府买单，收拾残局。在放开经营权市场之前，业主制定详备的服务水平标准，用市场行为中的契约精神来约束经营者的行为，而不是反过来，由经营者制定服务标准。

◎**打破分割运行的格局。**分割运行的管理跨度小，有一定的好处，是“各负其责”指导思想下的结果，但是不利于公共交通的整体协同运行，在现有体制下无法根本改变。业主身份的确立，有助于通盘考虑全局，特别关注资源的组合利用，并以契约方式发包给运营企业，运营企业之间的协调配合从过去的勉强和不情愿变成必须执行的契约条款。分割运行转变为协同运行的同时，管理跨度较小的优点得到保留。

◎**有效控制政府补贴公共产业的行为。**作为公众福利性行业，经营者应该以收支基本平衡为大原则，在出现入不敷出的情况下，为保障公众利益，政府有补贴义务，实施证明用提高票价增加出行成本的方式控制人口流动性的政策，效果有限且有失公平。政府补贴是政府采购行为，支出多少须纳入政府采购管理范畴，因此经营者收支项目必须完全公开透明，先保证运营收支得到监管，才能在票价政策与政府补贴之间建立起可调整的关系，使补贴的依据真实可靠。

◎**打破自我监管闭环。**将公共产业的运行纳入运行中心范畴，出现的问题列入运行中心的事件管理体系，同时引入预案和风险控制机制，可以改变以往公共产业自我监督、内部消化的模式，公众参与监督，运行中心监管运行态势，帮助运营企业保持高效率的平稳运行。

论证新体系的法理依据

◎**公共交通设施资产管理与经营分立符合公共产业政企分开的发展方向。**让公共产业企业逐步脱离半政府模式，用市场的手段优化经营效果，使公众得到更高质量的服务。

◎**明确公共交通设施资产的业主有利于资本结构多元化。**在国有资产占绝对主导地位的基础上，明确非公资本进入公共产业之后的权利义务边界，既能够实现资本结构的多元化，又能够保障公共产业的运行受控，为逐步引入非公资本铺平道路。

◎**设立路面公交专用线网符合公交先行的政策。**设立公交专用线意味着道路资源优先满足公共交通的需求，将这个政策执行到位，形成连贯的公交专用线将彻底改变路面公交车时间无保障的局面。

◎**以广告权益换取运营资金符合相关法律。**业主统一依法申请广告许可，将广告收入作为营业收入的重要组成部分，可以大大缓解票价涨价的压力，降低政府补贴的数额。招标广告公司统一开展广告招商，可以形成规模优势，提升公交系统广告的价值，例如利用分时段排他方式，即在某个时间段内，在整个公共交通系统中，同类别商品只接受唯一品牌商品广告，可提高广告客户额满意度，形成高品质广告产品。

◎**运营公司收支项目完全公开透明符合国有资产管理办法和**

政府采购相关政策。属于国有资产的公共交通设施属，其经营状况按规定需要公开；无论是否属于国有资产的公共交通设施，如果需要政府补贴，就必须公开经营状况，以证明需要政府补贴，作为政府采购的依据。

论证新旧体系之间的衔接过渡

◎在行业内针对现有体制开展讨论，向社会征询意见和建议，以验证、完善新体制方案。

◎查清现存公共交通设施资产存量和归属，查清现有全部未执行完的合同及其到期时间，查清目前所有的债权债务，按照新体制编写过渡衔接方案。

◎在旧体制没有终止之前，按照新体制的安排先行实施其中的一部分，例如增加平面电梯和上下行电梯的数量、运营收支公开透明、调整运行时刻表以增加换乘联接性、统一标识系统、对《乘客须知》进行合规分析和修订、按照运行管理模式合并改造现有公交、轨道交通服务热线、编制安全运行规程、编制预案、编制危机处理流程等，这些工作成果可以在新体制实施时顺利接转。原则上不再签订新的合同，必须续签的合同应增加新的终止条款，为改制预留出口。

◎制定详细衔接流程，确定新旧体制关于机构设置、人员、资产的转接关系，对应编制过渡衔接时间表，大原则是先让新体制平稳落地，在新体制建立之后，严格按照新的体系关系做事，坚决杜绝新瓶装旧酒。加强过渡时期人员培训，不能适应新体制的要坚决调整，不留后患。

◎建立新体制的标志是成立公共交通设施资产管理公司、公开招标公共交通运营公司，分两步走。

- 第一步：改制。将现在负责运营的各分公司改制为独立法人公司，其资产属国有的改制为国资主管部门下辖公司。改制后的公司继续运营，为期一年，且须满足业主编制的《公共交通服务水平标准》，据此与业主签订合同。业主对运营公司定期考核，不能达到合同要求的，按照合同规定的退出机制终止合同，业主向社会公开招标。在招标程序结束前，原运营公司要按照合同中关于终止合同过渡期的约定继续维持运营。

- 第二步：招标。在改制后第 7 个月，业主着手启动运营公司公开招标流程。原运营公司在同等条件下具有优先中标的权利。

第七章
政府运行管理架构

在政府行政组织架构及与其政府性机构的隶属关系中嵌入政府运行管理系统，即可搭建完成政府运行管理架构，设立以国家运行中心为核心的政府运行管理系统，为中央政府和各方政府、各业务口使用。

身处政府运行管理系统中的工作人员，能够见微知著，站在宏观格局中看到自己的职责、自己的作用、自己与其他业务口的关系。政府依靠法律和制度来保障运行，而不是依靠决策者自身的知识和认知能力，促进政府管理从人治走向法治之路。

高水平的政府运行管理系统由成熟、可靠的理论、技术与最先进的思想、技术集成而来，成为稳定、适用的应用系统，不为新而新，不卖弄概念，不追求标新立异。

关于政府运行管理架构

运行管理要通过具体的运行管理架构来实施，也许会有人以为运行管理应用到政府时需要搭建全新的运行架构，这是一种误会。对于政府和政府性机构而言，运行管理架构与政府行政组织架构相匹配，与政府性机构的隶属关系相一致，不应该另起炉灶，唯一新鲜的是用运行管理的思想和方法在政府内部嵌入一套运行管理信息系统，为中央政府设立国家运行管理中心，为各业务口制定运行规则和运行流程，它们都属于修补、升级和完善行为，也就是说，在政府行政组织架构和与政府性机构的隶属关系中，加入政府运行管理信息系统即可。如果画出机构关系图，所谓的政府运行管理架构与现实存在的政府行政组织架构及其与政府性机构的隶属关系没有本质区别，只是因为加入了政府运行管理系统，它变得更加智慧、更有远见、更具宏观视野、更能掌控全局。

政府运行管理架构并非从零开始。以目前政府现状，具体实现可以分三步走，初始阶段，在不改变部门的基本设置现状的前提下做两项准备工作，一是对政府各个层级的双重指令/汇报关系进行细致研究和明确，根据确定的关系绘制政府运行管理架构图，标志清楚双重指令/汇报关系；二是以政府的信息化委员会和应急办为基本班底，搭建政府运行管理架构。这两项准备工作完成之后实施第二步，按照确定的运行管理架构设计与之匹配的运行管理系统软硬件，制定大数据和物联网应用规划，逐步展开应用软件开发，论证和实施云计算的技术途径。第三步是对上述架构及相应软硬件应用进行调试和人员培训，通过评估后进入正式运行。运行管理系统硬件可以在现有各类政府管理信息系统之上重构，软件需要开发，移动信息终端须研发定制，所需要的投资和人员主要用于组建运行管理系统、开发运行管理软件、日常运行和维护等。还需要预留部分资金用于新技术应用、逐步增加一线工作人员信息终端数量。搭建完成后，中央政府和各地方政府、各业务口的工作方式会有所改变，从以分立运行为主变为依托运行管理系统获取态势信息，在运行规则和运行流程的要求下联动、协同，多业务口合作将成为一种常态，双重指令 / 汇报关系的优势将更为显著。

既然是政府的运行管理架构，重点当然是政府内各条块之间的关系。我们之前已经专门讨论过，在没有工具获取海量数据、进而从中提取有效信息形成有宏观指导作用的综合性意见时，“条块分割、各自为政”体制至少可以实现最基本的管理，当然在今天看来，这确实是一个无奈、折中的选择。好在双重指令/汇报关系是一种客观存在，无论是在“条块分割、各自为政”的现实体制下，还是未来升级为“条块联动、协同行政”体制，我们都可以将这一关系作为搭建政府运行管理架构的切入点，先实现条块之间的信息互联互通，进而设立国家运行中心，建立统一的全社会运行态势平台，发挥顶层设计在宏观上的作用，制定运行规则和运行流程，因此，搭建政府运行管理架构不仅仅是纸面上画出框图就可以完成，还要包括上述诸要素，是一个循序渐进的过程，只是很明显，政府运行管理系统是个关键。

在此要特别说明一下，目前的政府机构，不同业务口有不同的办公地点，他们之间的关系只在组织结构图上表现，不在一起办公，信息的互联互通依靠公文、会议和电话，唯一的例外是应急办，许多城市在重要节假日、重大气象灾害多发期等特殊时段，都会由应急办启动城市应急指挥中心，中心内为所有相关部门设立 7 天 ×24 小时值班席位，由各部门派员值班，联席办公，以便及时处理发生的任何紧急事件，特殊时段结束后，联席办公结束，2008北京奥运会主运行中心就是采取了这种运行方式。也许对于习惯了传统政府机构的人们来说，奥运会之于城市是一个特殊事件，可以特事特办，反过来说，主运行中心的运行方式也只适用于特殊事件、特殊时段，因此可以由应急办在特殊时段使用，但不适合日常运行，其实不然。2008北京奥运会期间，曾经有多个隶属于主运行中心的分专业运行中心，其中的技术运行中心从赛前一年开始运行，与所有场馆建立起以双重指令/汇报关系为特征的运行管理架构，有全面掌控运行态势的信息系统，管理范围包括52个竞赛与非竞赛场馆，地域涵盖北京、上海、天津、秦皇岛、沈阳，青岛和香港，参与人员总数达8800人，既保障日常运行，也处理各种事件，包括紧急状态处置，这一不同寻常的实践证明了如下事实：

◎ 在业务口纵向管理线与地域横向管理线同时存在的运行机构里，双重指令/汇报关系不仅可以存在，而且非常适用，纵向的功能性得到发挥，地域的平稳运行得到保障。地域（即场馆）有任何要求或发生任何事件，技术运行中心都能及时了解、组织评估、决策实施、监控实施过程直至完成，最终的结果是，纵向业务口（技术口）为场馆的运行提供保障，而每一个场馆的平稳运行，叠加的最终效果就是整个奥运会的平稳运行。在这种运行管理架构之下，没有处理不了的事件，没有不可预见的风险，一切始终处在控制之下。北京2008奥运会技术运行做到了万无一失和零失误，创造了奥运会历史上最完美的技术保障服务记录，这个事实为运行管理架构的卓越性做了最佳注脚。

◎ 运行不分平时和赛时，等同于政府运行不分日常运行和紧急状态。“不出问题就是最大的政治”并非唯物主义者应有的观点，对于一个庞大的运行体，出问题、发生事件应该被视为常态。出问题不可怕，发生后也不必急于追责、惩戒，只要能够预见风险、对任何事件都有应对预案，能够从容应对就可以保障运行平稳，这才是最好的运行状态。奥运会技术运行中心用一个团队、一个运行架构成功地在一年多的时间内控制住了整个运行状态，用长期的、稳定的、有连续性的运行规则和流程来保障运行，从而证明在当下政府管理中，应急办在特殊时期组织联席办公的方式完全可以作为良好基础，扩展为政府行政的运行常态。

◎ 北京奥运会技术运行中心采取值班主任负责制，最高决策者就是技术运行的最高首长，这个概念延伸到政府，运行中心主任应该由一级政府的首长担任，值班主任则是得到合法授权的行政首长。这个事实再次说明，政府依托运行中心构建的政府运行管理架构并非另起炉灶，虽然先进的信息技术让它呈现出全新的面貌，但本质上并没有改变法律上规定的政府体制、结构和职能。

事实上，在多年的实践中，一些地方政府已经开始考虑打破分割并付诸行动，组建具有运行管理系统特征的集中式管理系统，下面对北京市的两个例子做简要分析。

【例一】北京市建立了网格化城市管理体系，在及时获取信息、事件处理效率、独立监督等方面体现出优势。虽然它偏重于呼叫中心和事件分发调度功能，在解决问题的过程中还是施行“谁的孩子谁领走”的方式，在条块联动方面建树不大，但是所设立的“城市管理监督中心”在一定程度上打破了各业务口的分割态势，让我们看到双重指令 / 汇报关系在现实中的曙光。

【例二】在经历了几年严重暴雨灾害之后，2012 年 7 月发生的“暴雨导致立交桥积水驾驶员溺亡”事件，让北京市政府意识到单一部门将自己分内的工作做得再好，也不及各部门联动来得有效，2013 年底，北京市召开气象灾害应急联动座谈会，16 个部门业务部门参加，达成了应急联动机制。不仅如此，这种联动最终超越了“应急”范畴，北京市气象主管部门与交通主管部门合作，实现北京市专业气象台的交通气象灾害监测预警服务系统与北京市交通运行监控调度中心全面对接，形成日常联动工作机制。

上面这两个例子，前者着重发现问题、解决问题，后者偏重防患于未然，所针对的都是“条块分割、各自为政”体制的短板。尽管以运行管理的视角来看并不是完整的政府运行管理系统，但是已经可以说明，现代政府确实对政府运行管理系统有需求，真正实现也并非天方夜谭。

站在技术的角度看，政府运行管理系统不过是一个软硬件相结合的技术系统，但是站在管理的立场来说，运行管理系统首先体现的是政府行政的法理依据与管理手段的有机结合，硬件要准确匹配法律规定的通联关系，软件要反映管理上各部分之间的控制关系。

下面将分三个方面着重阐述政府运行管理系统，一是运行中心，二是政府依托运行管理系统的工作模式，三是现代信息技术在政府运行管理系统中的作用。

第一节　运行中心

一、运行中心是执行机构

运行中心是政府实施运行管理的地方。运行中心承担实际的运行管理职责，不是管理咨询辅助机构，它的工作人员是政府公务员。运行管理人员在这里监控运行态势，汇总和分发预案，监督和控制态势发展进程，调配机动资源。决策者依靠运行管理平台运筹帷幄，在战术上掌控全局，在战略上未雨绸缪。

对于日常工作而言，运行中心是解决问题的工作平台，对于危机和重大事件，它是最高决策团队手中的工具。建立国家运行中心并不是要改变最高决策团队的决策方式，而是要协助他们做出正确判断和选择。

二、运行中心分级设立

国家运行中心是中央政府主运行中心，下设各省（直辖市）、市等运行中心。省、市及以下级别运行中心在业务上接受国家运行中心的指导，共享同一个运行态势信息库，都向这个信息库输入态势信息，依照各自权限获取信息，呈现与自身管理范围相匹配的运行态势。执行统一的运行规则和运行流程，使用统一的预案模板。各级运行中心的直接上级是相应级别政府，是双重指令/汇报关系的节点。

运行中心为金字塔形结构，运行中心主任由一级政府的首长担任，值班主任则是得到合法授权的行政首长，运行期间的最高负责人为运行中心值班主任，下设席位分为三大部分：各业务口（即委办局）代表席位、各区域（即区县乡镇）代表席位和技术保障席位。

运行中心架构（第一层）

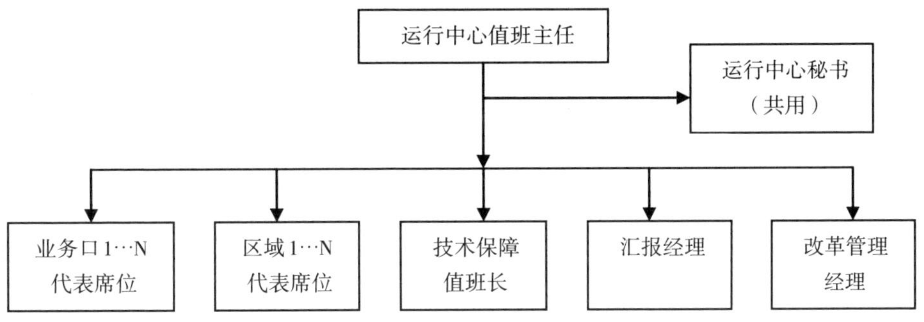

【说明】：

1. 运行中心值班主任

(a) 该职位是运行中心的最高执行领导，向同级行政决策团队负责，通常由该级行政决策团队成员轮值，例如省运行中心，值班主任由省长、副省长及其他同级领导轮值；

(b) 主责处理1级事件；

(c) 有权宣布进入危机状态；

(d) 召集危机管理团队处理危机事件。

2. 业务口1…N代表席位：

(a) 负责监控、更新各自业务口在运行管理信息系统中的所有态势信息；

(b) 负责监督本业务口处理事件的进程；

(c) 代表本业务口与相关业务口和相关区域运行管理方协作配合；

3. 区域1…N代表席位：

(a) 负责监控、更新各自区域在运行管理信息系统中的所有态势信息；

(b) 负责监督本区域处理事件的进程；

(c) 代表区域运行管理方与相关业务口协作配合；跨区域事件还要与相关区域运行管理方协调；

4. 技术保障值班长负责运行中心的技术保障，包括：

(a) 运行管理信息系统维护；

(b) 通信渠道畅通；

(c) 呼叫中心正常运作；

(d) 信息安全；

(e) 供电保障。

5. 汇报经理

(a) 每日态势汇总、分析；

(b) 中长期运行态势的风险预测和评估；

(c) 给出风险控制处置建议；

(d) 在1、2级事件时监督事件态势更新，必要时主动索取最新情况；

(e) 在宣布进入危机状态时代表运行中心主任具体组织危机管理团队会议。

6. 改革管理经理

(a) 受理“诉求”，并按流程组织对诉求进行分析评估，给出批准或拒绝的建议；

(b) 对批准的诉求在进入改革流程后进行监督；

(c) 对所有的诉求和改革进行综合分析，对久拖未决的问题给出体制、法律、政策等方面的调整建议。

7. 运行中心秘书

(a) 秘书1—2人，不设秘书负责人；

(b) 为运行中心值班主任、汇报经理和改革经理提供行政助理服务；

(c) 制定危机状态应急联系矩阵，并在运行中心进入危机状态是联络所需人员，包括危机管理团队和应急当班人员；

(d) 另设不倒班人事秘书1—2人，这是整个运行中心架构中唯一不需要7×24小时工作的岗位，工作时间为每周一至五，朝九晚五，负责制定运行中心人员计划、机动团队计划和正常休息无班团队的应急到岗计划；编制备份运行中心和备份数据中心人员计划。

运行中心与工作层间的双重指令/汇报关系

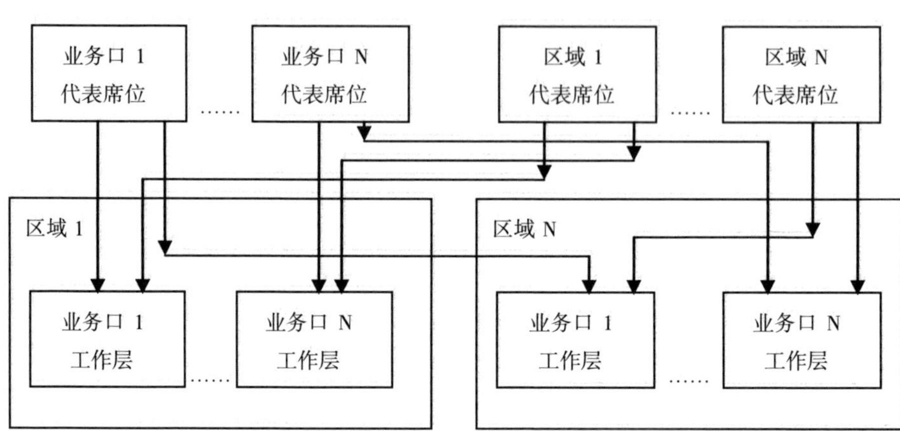

【说明】：

1. 本图中显示的是运行中心与工作层之间的双重指令/汇报关系，现在所有关系线暂时标注为实线，具体工作中应当按照实际情况标注为实线或虚线。

2. 本图的区域内只标注了一个工作层，在实际工作中，可能不止一个，例如假设运行中心定位在市级，则其下级区域包括区级和街道办事处。在此情况下，业务口工作层仅指最基层的工作人员，因为无论有多少层级，在一线工作的人才是真正发现问题、解决问题的人。

3. 各业务口工作层有直接更新本区域本业务口事件状态的权限。

4. 各业务口代表和各区域代表必须对管理范围内的各事件处理状况实时监控，发现具有共性的 3、4 级事件，提前预警。

运行中心架构－技术保障值班长分支（第二层）

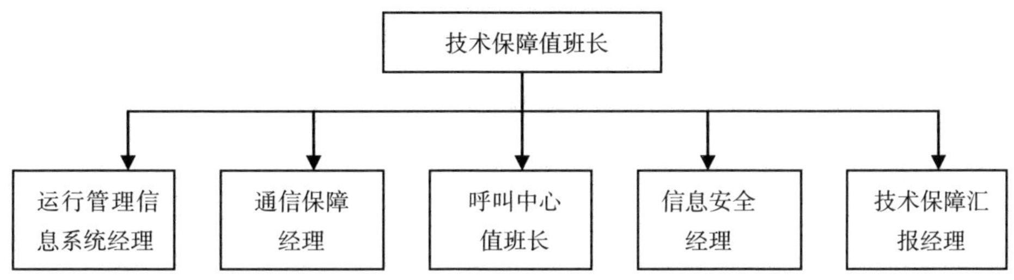

【说明】：

1. 技术保障值班长对整个运行中心的正常运转负责。

2. 运行管理信息系统经理负责该系统软硬件维护，下设数据中心、系统集成、信息分发、音视频系统、不间断电源监控等小组。

3. 通信保障经理负责运行中心相关信息通信系统畅通，包括通信专线、有线电话、集群通信、数据传输和个人移动通信等。

4. 呼叫中心值班长负责呼叫中心不间断运行，统计每日呼叫数量、呼叫分类、运行管理系统事件处理状况统计，以及1、2级事件处理时限达标度等。

5. 信息安全经理负责运行管理信息系统的安全，包括防黑客攻击、系统和数据隔离、制定和监督实施信息安全规定等；运行中心（主+备）、数据中心（主+备）的安全监督等。

6. 技术保障汇报经理负责汇总每日运行中心技术保障情况，在运行中心每日例会上通报当日运行情况，编写交班报告；负责组织研究中长期运行态势，给出风险预测、评估和控制意见；负责运行中心文档管理。

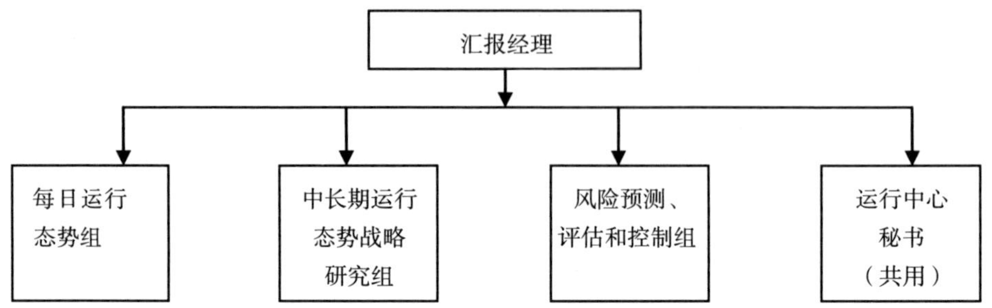

【说明】：

1. 每日运行态势组

（a）负责动态监控每日运行管理信息系统中反映的运行态势；

（b）参加每日例会，汇总当日运行情况，编写交接班报告。

2. 中长期运行态势战略研究组

（a）复核已经处置完毕的危机事件，复核运行管理信息系统中已经办结的1、2级事件，分析处置过程，给出分析和评估，哪些是有效的措施应该保持，哪些属于程序性错误要加以纠正；

（b）根据运行管理信息系统中已办结各等级事件的复核结果，总结分析现行预案、流程的有效性，给出评估意见；

3. 风险预测、评估和控制组

（a）根据运行态势，预测潜在运行风险；

（b）组织风险评估团队（管理层＋第三方）进行风险评估；

（c）确定风险控制措施。

运行中心架构－改革管理经理分支（第二层）

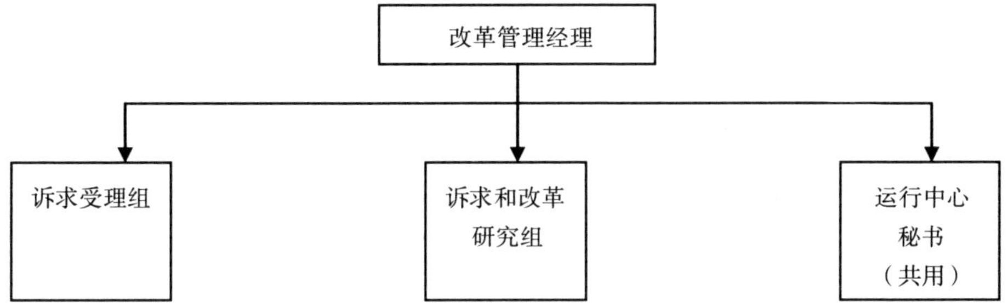

【说明】：

1. 诉求受理组

(a) 负责受理管理信息系统中所有标注为“诉求”的事项，诉求中包括请求和建议。

(b) 负责对请求进行评估，给出“批准”或“拒绝”的决策建议，交主管部门决策。

(c) 批准的诉求进入改革流程后，对改革过程进行监控。

2. 诉求和改革研究组

(a) 对于诉求和改革进行综合分析，对于未被批准的诉求，重点研究诉求之所以出现的原因；对于已被批准进入改革流程和完成改革的诉求，要重点分析其后续影响。

(b) 根据综合分析，给出体制调整、完善或修订法律、出台新政策、废止现行政策的建议和理由。

三、国家运行中是运行管理系统的核心

如果将政府比作人的身体，运行管理系统相当于人的中枢神经系统，国家运行中心就是人的大脑，是中央政府工作的地方，也是顶层设计所在。指

令/汇报关系相当于遍布全身、连接大脑的神经系统，贯穿上下的各业务口即“条”则相当于各功能系统（如血液循环系统、免疫系统、淋巴系统等），各地方政府即“块”就相当于四肢和器官。以运行中心为核心所展开的政府运行管理系统遍布行政区划的各个部分，延展至末梢，运行态势通过神经中枢汇集到大脑，用预案应对事件就如同大脑控制下的条件反射，调整和创新则是在大脑深思熟虑之后，通过神经中枢指挥各个分支联动、协调实施。从这个比喻反观“条块分割、各自为政”体制，换作是人体，相当于大脑不知道身体的状况，大脑要身体往一个方向走但手脚却不协调，举步维艰。人病了要治，治疗方法当然不是放弃这个病人的躯体。政府就是这个躯体，所要做的就是让神经系统正常工作，让大脑能够获得所有信息，让大脑能够控制手脚的协同，朝大脑决策的方向前进。

第二节　政府依托运行管理系统的工作模式

一、见微知著

政府在有了运行管理系统之后，其行为内容与传统意义上的行政管理没有根本区别，只是更强调在管理的过程中，参与管理的人，无论是决策者还是操作层都要重视运行的概念，即管理过程的连续性、相互关联性和全局性，要看到，只关注自己管辖范围内的事务却轻视邻里、忽视全局的做法，对于管理本身有害无益。顶层设计负责制定运行规则和运行流程，各下级政府部门则须在本级运行中心编制符合地域资源状况的各类预案，让政府管理走向制度化，促使政府从管制型向服务性转变。

身处运行管理系统中的工作人员，能够站在宏观格局中看到自己的职责、自己的作用、自己与其他业务口的关系，从运行的视角关注何拾遗补缺，在现行体制下尽量弥补短板，提高政府自身对全局态势的获取和控制能力。政府依靠法律和制度来保障运行，而不是依靠决策者自身的知识和认知能力，这是政府管理从人治走向法治之路。

二、态势信息获取

各级运行中心内都设呼叫中心，通过热线电话、官方电子信箱、短信客户端、官方微博和微信等各类渠道，无障碍地接收来自老百姓的声音，汇集来自社会公众的各类信息，记录在运行管理信息库中。各级呼叫中心的服务范围不按照行政区划硬性规定，允许任何意义上的重叠，这意味着任何人只要记得一种渠道方式，就可以报警、投诉、反映问题、提出诉求、给出建议等。

政府各级工作人员，尤其是一线工作人员按照运行流程和预案的规定，使用手中的各类信息终端，通过上述公开渠道和内部信息系统，第一时间上传最新信息，对于和自己相关的事件，同步输入事件的处理过程和结果信息，保证信息的实时性。

三、态势呈现

来自公众和政府工作人员的信息汇总于态势信息库，运行管理系统能够对收到的信息做出第一反应，首先分发到相应业务口的具体层级，有能力对不同渠道的信息进行融合、跟踪和分析，动态地呈现运行体系的态势，通观全局。

来自政府工作人员的内部信息是态势信息库的主要来源，公众信息的引入，对于政府工作人员有反制作用，可以保证社会运行的真实状况不被随意变造和歪曲，信息渠道涵盖普通民众和与运行有关的各级工作人员，据此构成的社会总体态势，能够全面、翔实和实时地反映全社会的运行状态。

四、各业务口日常工作通用模式

省、市、区、县各级日常工作通用模式都是设立相应的运行中心，里面有各业务口席位，协调处理态势信息中的各类事件。而各业务口原本的办公地点不需要改变，只是通过信息网络与态势信息库相连，以同级运行中心本业务口席位值班员为接口，成为整个运行管理系统的一部分。可以想见，当一个最基层的复合功能行政单元都可以通过运行管理系统与国家运行中心联在一起，对于政府工作人员来说意味着怎样的责任、担当和使命，而如此汇聚而成的全社会态势信息库将为整个社会带来怎样的益处。各级运行中心、各业务口日常执行保障服务流程，汇集符合自身状况的预案，用以化解社会日常运行中出现的绝大多数事件。预案基于以往发生过的事件而编制，预案中的应对措施和步骤，集管理经验和历史教训之大成，是总结和反思以往工作经验和教训的结果。在研究制定预案的过程中，既可以参考国内同类事件的经验教训，也可以借鉴国外类似案例。一旦事件发生，即可按照事件应对流程启动预案实施处理，以避免层层请示造成拖延，同时又可以保障处理过程合规公平，消除权力寻租的机会。

运行中心采取各业务口联席办公，和常见的行政办事大厅不同，运行中心不是对外服务的窗口，而是关乎全局运行的内控机构。无论是政府、政府性机构还是企业，无论是在什么层级设立的运行中心，该运行中心就是为这个层级的全系统服务的运行机构，该系统内的各业务口都在运行中心设有工作席位，代表本业务口参与运行中心的日常监控和协调工作，代表本业务口对内监控态势，对外协调相关业务口的工作，代表本业务口表态、发出警示、调用机动资源或请求支援。在运行中心的联席办公制中，任何业务口都要关注整体，按照运行规则和流程担负自己的责任，不再给各自为政以机会。

社会运行没有一时一刻的停顿，运行管理系统就得24小时不间断工作，很多业务口的工作时间并不只是周一至周五的朝九晚五，尤其是支撑社会正常运转的机构（如水、电、气、热、电信、公共交通等），都是每周七天24小时不间断运行，即所谓“7×24不间断工作”。一些业务口表面上只在工作日8小时办公，实际上在此之外都安排24小时值班，原因很简单，社会不因为机关下班而停摆，未来向服务型政府转型，运行管理系统当然不分昼夜持续运转。

五、监督和控制

态势信息渠道直达最基层，直通普通百姓，具有全面透明的特征，从基层各业务口到区域管理履职都在监督之下。目前现实中有许多问题无法解决，关键在于最基层的信息没有边界的通道传递给透明的政府信息平台，即使传递到了具体负责的部门，由于没有独立的督办机制，业务口或地方政府也能够轻易地将事件隐瞒在内部，或是来回推诿、不作为，这种暗箱操作一旦成为常态，问题的解决就完全依靠工作人员自身的道德水准，以“人治”代替“法治”，当然是不可靠的。运行管理系统信息的透明程度、运行规则和运行流程的透明程度足以抑制暗箱操作的机会，对操作层工作人员而言也是好事，各业务口更愿意主动协同解决问题，推诿在态势非常清晰的状况下将是非常愚蠢的行为。

在政府运行管理系统中，中央政府和各级政府具备做出正确评估的能力，而评估的对象既包括当前态势的平稳程度或危机程度，也包括现行运行规则和流程，还包括当前指令 / 汇报体系。各级政府可以通过运行管理体系掌握最即时准确的运行态势，以此拥有强大的控制能力，包括穷尽所有可能的预案和来自上级的资源支持。中央政府不仅通过国家运行中心了解全社会运行态势，还经由运行管理系统应对事件，掌握多重备份和冗余资源，按照预案调动机动人、财、物资源提供支持。

除此之外，强化的顶层设计团队拥有专业齐备的智囊，对于提高中央政府的控制能力有极大帮助。运行态势信息库按规则向体制内政策法规研究部门开放，中央政府通过顶层设计团队组织他们对现行管理体制和法律、法规进行研究，提出调整和创新措施，并按照法定程序报批与核准，每一步骤都予以记录，以便回溯。在此过程中，体制内社会科学研究、经济研究等部门在邀请国内外学者和机构举办论坛、研讨会时，可经授权后披露运行中心信息平台中的态势信息，也可以制定必要规则，聘请第三方管理咨询团队参与，为顶层设计提供服务。

目前，“条块分割、各自为政”体制最大的弱点的就是全局协同作战能力低下，很多时候问题的根源不在下级而是在上面。上级决策者要求下级恪尽职守，但是又缺乏必要的工具来评估当各个部门都忠实履行本职之后，整体呈现的状态是否能够达成所希望的“理想社会”。无论是政府、政府性机构还是企业，在现实中确实有很多针对现行管理体制的检讨、批评和建议，但是推动进步不能永远停留在“摸着石头过河”的水平。有了政府运行管理系统，不但有了呈现运行态势的工具，还能通过运行规则和流程来保障行政的规范性。与此同时，还能用态势信息中的事实和数据来发现改革方向，在实践中检验体制的健康程度。

【注意】《中华人民共和国突发事件应对法》规定："国家建立统一领导、综合协调、分类管理、分级负责、属地管理为主的应急管理体制。"国务院办公厅设国务院应急管理办公室，各省、直辖市也设立了相应的应急管理机构。虽然在法律上有了依据，有了机构，但实践中可以发现，突发事件与日常工作分别采用两种不同的组织架构进行管理，有许多操作上的不便，未来将突发事件纳入日常运行管理是大势所趋，将现行管理体系升级为统一的国家运行中心则是理智的选择。

第三节 现代信息技术在政府运行管理系统中的作用

在信息技术应用水平不高的时代，政府将信息技术用于行政管理呈碎片化，应用水平高低悬殊。如今，互联网 +、工业 4.0、大数据、物联网、云计算等信息技术和理念正在引领全社会的变革，让我们逐一分析它们在政府运行管理系统中可以有哪些作用。

互联网 + 和工业 4.0 在本质上都是将信息技术应用于传统行业，不是辅助改进传统行业的某个方面，而是进行革命性的变革，例如“互联网 + 传统制造业”，催生了工业 4.0，用互联网和物联网技术构建智能制造，从根本上改变制造从设计到制成的流程，也改变了制造者与用户之间的关系。顺着这个思路思考政府管理，实际上就是要回答一个问题：究竟是打补丁式地用信息技术局部替代人工以提高效率，还是用互联网 + 的概念，像工业 4.0 改造传统制造业那样，将原本受技术条件制约无法实现的运行管理架构付诸现实？从前文看到，双重指令 / 汇报关系是一种客观存在，但是由于条件所限，在现实体制中被迫降格为单一指令 / 汇报关系，令“条块分割、各自为政”成为政府体制的主要形式。在技术条件日趋成熟的今天，问题的答案不言而喻，我们确实迎来了最佳机遇，应当顺应潮流，充分利用信息技术应用水平高度成熟的条件，搭建政府运行管理架构，将原本受到约束的优势完全解放出来，实现体制升级，跟上社会进步的步伐。

大数据的特征是信息有极大的广度——可以轻易地涵盖全社会的各个方面，同时又有极大的纵深——在地域和时间两个轴上能够自由展开，同时还有极大的厚度——每一个具体名称下的信息量可以极为详细和丰富。这三个维度上的巨量信息给了大数据技术以用武之地，既能够简单提取具有倾向性的趋势信息，也可以预测因某种要素的累积所可能导致的潜在风险或危机，还能够在确定目标后汇总与之相关的所有细枝末节。大数据技术从海量数据获取和存储，到提取目标信息，经校验后形成有特定意义的模型、趋势等知识，再通过可视化予以直观呈现，能最大程度与人的感知能力相匹配，无论是操作层面还是决策层面，人都可以比较顺畅地了解所处的状况，利用大数据提供的知识做出正确、合乎逻辑的行为。如果将大数据技术应用于呈现全社会的运行态势，不难想见，政府要保持社会的稳定运行，将无须依赖严苛的“条块分割、各自为政”的行政体制，各部门之间老死不相往来可以成为历史，因为以往部门之间的分立，主要目的是为了明确各自的责任，保证各部门能各负其责，至于当需要多部门协同达成某个目标时，各部门最后合成的效果如何，政府最高层级往往也无力顾及。而大数据技术在这方面是个好帮手，它能够将运行态势信息中埋藏的线条清晰地呈现在决策者和执行者的面前，并汇总成有效知识供选择。那个时候的第一要义将不是分清责任，而是明确目标共同奋斗，合作比分割更重要，以双重指令 / 汇报关系为特征的政府运行管理架构将成为一种必然。

物联网就是通过互联网将所有物品连接起来，这些物品在发挥原有功能的同时，也可以将自己的位置、操作内容和时间等发送出去，也可以通过互联网获取所需要的支持信息，例如交通信号灯，在非物联网时代，它只根据事先设定的程序按时变换颜色。而物联网时代，交通指挥中心可以通过从摄像头获取的流量决定下一次交通信号灯变换的时间和时长，这个过程本身不需要人为介入，在需要时可辅之以人工遥控操作，这种景象在人们常说的“智能交通系统”中出现。十几年前，在这一轮信息技术高峰尚未到来之时，“智慧城市”就已经是个时髦的话题，千禧年刚刚过去不久，在广西南宁市就出现了它的雏形“城市应急联动中心”，基本上是美国911系统的格局，主要以专业通信系统和局域网为技术支撑，由呼叫中心调度分发任务、协调联动。纵观智慧城市十几年的发展历程，一方面由于不能打破条块分割的体制，另一方面系统设计以应急处置为主要任务，将政府运行生生分割为日常运行和应急响应，离“智慧城市”四字的初衷有不小距离，有些无奈，但放在历史中可以理解。如今物联网时代到来，重新审视“智慧城市”就不难发现，在大数据技术帮助呈现全社会运行态势、分析和提取有用知识供运行执行者和决策者使用的条件下，物联网技术可以发挥智能思考的特点，在一些领域以人机交互的方式维持平稳运行，而在另一些领域则借助人工智能技术直接做出响应，将目标信息按照约定直接推送到设定的客户端，例如一场火灾，系统同时将事发地的地址、报警联系人姓名和电话、事发建筑物结构图、周边道路图等发送给所在地的消防、医院、派出所、交警、刑警等联动部门的固定和移动信息终端，随时将现场信息推送给联动部门信息终端，如受困人数、伤亡情况、现场监控视频、围观人群位置和数量规模、治安状况（如趁火打劫）、交通拥堵状况等，伤员伤情和数量推送给血液中心和周边医院，发出用血需求预警，发出伤员到院预警。系统也可以根据设定直接驱动客户端，如触发消防警笛、触发供电公司供电警示、关闭事发地燃气阀、启动事发地消防水泵、根据路况调整交通信号灯，为救援开辟通道等。物联网技术带来最直接的进步就是政府运行从此不再被人为地分为日常运行和应急处置，而是将应急处置纳入日常运行范畴之内，可以同时并行处理多个非紧急和紧急事件，在态势中出现的所有1至4级事件，都在统一的运行架构中处置，这就是履行政府职能的常态化方式。

云计算曾经被比喻为家庭做饭用火，过去都是自己家生炉子，现在用管道煤气，打开开关就行，气源一端就好比云计算中的云端，重要的是管道有气且通畅。事实上，在计算机出现之始，就有个人计算机、小型机和大型机之分，眼下人手一台的笔记本电脑属于个人计算机，也称微机，而小型机与大型机的服务器是集中式的，用户通过个人终端在服务器上进行计算，这种个人终端几乎只有访问、显示功能，远不是一台个人计算机。以云计算的观点来看，当时那种集中式服务器就是云端，执行的是云计算。只不过那时个人终端与云端距离很近，通过线缆连接，几乎处于同一个物理空间之内，而现在，互联网技术可以让人（即用户终端）与云端分处不同的物理空间，客户通过网络与云端连接，完成信息相关业务，最大的好处就是节省一大笔软硬件购置费、场地费和运行维护费，而提供云端和云计算服务的一方则通过集中建设、集中运维来支撑高水准的软硬件和运维人员，经多个用户分摊费用后可达到最佳性价比。显然，云计算的概念非常贴合政府运行架构升级的需要。

云计算是否适用于政府，在政府管理信息化阶段就已经有过争议。出于节约运维成本和采购专业化服务的考量，业务口持欢迎态度，但是出于云计算服务供应商的现状和运行安全的考虑，持反对意见者也大有人在。2014年，两项相关国家标准《信息安全技术云计算服务安全指南》和《信息安全技术云计算服务安全能力要求》正式出台，说明主管部门已经注意到云计算在信息安全方面可能存在的问题，力图借助法规的力量为云计算的应用铺平道路。

在运行管理系统内，运行态势数据库存放于主数据中心，在理论上主数据中心可以成为各业务口和区域的云端，即主数据中心升格为云计算服务商。目前，云计算有三种服务模式，软件即服务（SaaS）模式向客户提供应用软件，如电子邮件、协同办公等；平台即服务（PaaS）模式向客户提供软件开发和运行平台；基础设施即服务（IaaS）模式向客户提供虚拟计算机、存储、网络等计算资源，客户可在这些资源上部署或运行操作系统、中间件、数据库和应用软件等。由运行中心担任服务商的角色，相当于是云计算定义中的“私有云”，SaaS 模式即可满足需要，省（直辖市）级别的运行中心涵盖的工作量所节省的硬件和运维成本已相当可观，安全问题也较容易解决。

大数据技术应用可以贯穿于整个政府运行管理系统，不仅用于呈现运行态势，还要充分发挥其目标数据分析和数据挖掘的能力，为辅助决策出力。需要注意的是，大数据技术的应用，并非简单开发出软件模块就大功告成，运行管理系统内相关团队应该使用大数据技术，在态势信息中持续不断地获取知识，为日常运行、危机处置和改革提供依据。

通过梳理上面这些新概念、新技术，结合双重指令 / 汇报规则，已经可以感受到它们对于政府运行管理系统的贡献。

第四节　政府运行管理系统中成熟可靠的理论与技术

一个高水平、稳定而适用的技术系统应该由成熟、可靠的理论、技术与最先进的思想、技术集成而来，成熟、稳定的部分占较大比例，不为新而新，不卖弄概念，不追求标新立异。本章第三节已经介绍了那些最先进的思想和技术，成熟、可靠的理论与技术又是哪些？下面来一一解读。

一、运行管理系统硬件环境

信息技术发展很快，这里不对硬件系统设定明确技术指标，只给出功能性描述，具体实施时选择当时的成熟解决方案即可。

运行管理系统的硬件环境主要分布在系统网络、运行中心值班大厅、主数据中心和各业务口工作场所，较为特殊的主要是移动信息终端。

运行管理系统网络是运行管理系统的神经系统，拓扑关系与运行管理架构相匹配，从国家运行中心一直延伸到符合功能行政单元。它以自备专线为主要网络通信基础，与任何其他公众互联网物理隔绝。采取双路物理分离路由，互为热备份。

运行中心值班大厅的主要硬件设备有综合显示屏、席位信息终端和通信信息网络系统。综合显示屏可供显示分类态势信息，可供滚动显示 1、2 级事件，可供播放视频信号，伴音可控。席位信息终端以有线方式与主数据中心联接，禁止将无线联接作为主互联手段；多屏显示，加密终端；支持视频播放；配耳麦。通信信息系统包括话音和数据（含视频）传输系统。运行中心的有线话音通信采用运营商提供的公共电话交换网（PSTN）加程控用户交换机（PABX）加专用保密终端；有线数据和视频业务采用程控用户交换机（PABX）和专线，首选自备专线，次选租用电信运营商专线①；无线话音通信首选专业无线通信系统②，备选个人移动通信系统③。海事卫星通信系统只作为以上两种失效时的应急备份；无线数据和视频业务以专业无线通信系统为主，备选个人移动通信系统。

运行中心主数据中心是运行中心的核心硬件，有海量数据存储和检索能

① 有线通信系统，包括基于公共电话交换网（PSTN）的话音通信系统和基于程控用户交换机（PABX）和专线的数据通信系统。

② 专业无线通信系统，泛指以中继方式互联无线电台组成的通信系统，目前较为典型的是数字集群通信系统，信号强度和覆盖范围在预定的区域内经过无缝隙测试，确保万无一失，系统有抗毁性设计、有备份路由，极端情况下支持无中心互联通信。

③ 个人通信系统，即以手机为用户端的商用移动通信系统。因为个人通信服务商在系统抗毁性方面没有任何承诺，因此仅作为备份手段。禁止仅以个人通信系统为基础开发设计任何应用，但可以开发备份应用。

力，分布式数据库，数据出入加密。机房无人值守，定时人工巡视，恒温恒湿设备一主一备，温度异常自动拨打预设报警电话等。如果将云计算技术应用于运行中心信息系统。

各业务口工作场所有运行管理系统网络，设有席位信息终端和通信信息网络系统，性能要求与运行中心值班大厅一致。

移动信息终端是政府运行管理系统渗透于运行体系内的触角，其使用者主要是现场工作人员，其他工作人员也可以在规定的情境下获准配发使用。使用物联网技术，移动终端的功能可以从单一的信息终端升级为具有人—机和机—机互动能力的功能性单元。

移动终端的功能和性能描述

• 配备抗强光直射显示屏；

• 多功能信息终端，通过无线方式联接运行管理信息系统，上传态势信息、接受指令、查询数据库等；在有权限的条件下可遥控指定的功能模块；

• 多功能数据采集终端，具有拍照、摄像、扫描、尺寸测量、有限称重等功能；

• 多功能通信终端，具有话音、数据（包括音视频）传输功能；

• 每台设备有唯一身份码，可被追踪，不间断定时自动上传位置信息；

• 具有自我保护功能，在丢失后可以被遥毙、开启话筒搜集和上传话音信息、开启喇叭发出警告；

• 防水、防腐蚀、抗跌落等符合国军标可靠性试验标准。

二、运行管理系统的功能软件

与硬件环境一样，这里只给出运行管理系统的功能软件的定性描述。

运行管理系统的主要功能模块包括：事件录入模块、事件指派模块、事件应对模块、应急响应模块、事件综合汇总分析模块、事后分析模块。这些模块大部分用于处理日常产生的事件，在不同等级的状况下做到应对有序，保证社会正常运转。另一些模块则着重于发现某个阶段事件的共性，可以是大数据预处理平台和数据挖掘应用软件。

事件录入模块

使用者

• 运行中心呼叫中心座席员

• 携带移动终端的现场工作人员

• 运行中心各级管理层及其下属团队成员

模块功能描述

• 座席员在接到呼入电话时，软件要提供事件录入界面，提示座席员将与事件相关的信息详细录入，包括时间、地点、事件类别、呼叫者身份、呼叫者所在位置、呼叫者使用的电话号码等。该模块应具备自动信息显示功能，即通常情况下可以自动显示固定电话号码所对应的登记地址，也可以显示手机号码所在蜂窝的地理位置，以便交叉核实呼叫人呼叫信息的真实性。

• 现场工作人员利用携带的移动终端录入事件信息时，软件要提供事件录入界面提示工作人员录入完整信息。为了应对紧急情况，允许在信息不完整的情况下生成事件记录，也允许工作人员在便携终端发生故障或不便使用的情况下利用电话呼叫方式呼叫座席员，但是软件要能够记录现场工作人员所声明必须声明的身份以及便携终端的设备编码，录入模块要具备自动比对功能，比对呼入者声明的身份与设备编码，以便核实呼入者身份的真实性。

• 软件预留关键词字段，供座席员或现场工作人员录入。

• 呼叫中心座席员以外的工作人员（包括各级管理层及其下属团队成员）在必要情况下可以根据呼入信息录入事件。所谓“必要情况”是指紧急状况下座席员数量不足以应付，或工作过程中发现属于需要录入的事件，为提高效率起见直接录入而不是转给呼叫中心座席员。

事件指派分发模块

使用者

• 运行中心呼叫中心座席员

• 运行中心各业务口座席员

• 运行中心各级管理层

• 汇报经理下属团队成员

模块功能描述

• 软件能够自动为每一条在录入模块生成的事件记录自动给出可能的指派席位名称，可以是一个席位，也可以是多个席位。呼叫中心座席员根据提示人工指派。当呼叫中心座席员超过一定时限未予人工指派时，软件能够按照生成的指派席位自动将事件记录分发给排序第一位的席位，如此可以避免在座席员疏失的情况下，事件记录能够被分发出去。

• 软件允许一条事件记录可以被多次指派。当座席员指派方向有误或者软件自动分发不准确的情况下，软件允许接获事件记录的功能业务口座席员二次或多次人工分发，直至将事件记录分发到正确的座席，也允许在情况不明的情况下将事件记录人工分发给功能业务口的上级主管，直至运行中心值班主任，软件要允许每次重新指派和分发时记录重新指派和分发的理由。

• 指派分发的过程有相应记录。每一条事件记录从生成开始，其在运行管理系统中的指派和分发过程必须有记录，记录的内容包括在成功进入事件处理阶段之前这条记录在系统内的指派和分发次数、每次指派和分发都是由谁完成的、完成的时间以及人工指派和分发的理由。

事件应对模块

使用者

• 运行中心各业务口座席员

• 运行中心各级管理层

• 汇报经理下属团队成员

• 携带移动终端的现场工作人员

模块功能描述

• 针对每一条事件记录，软件都分配给一个唯一编号，该编号是这条事件记录的终身编号。

• 软件根据事件类别自动给出相关处置流程。

• 软件支持座席员将事件记录分发给处置责任人。

• 针对每一条事件记录，软件都分别创建以时间为序的处置详情记录，便于事件处置责任人在规定的时限内更新事件状况。

• 软件根据每个事件的等级自动设定规定的处置时限，并在即将超过时限前向责任人发出超时提示，在超过时限后向上级主管发出超时警示。该事件在升级或降级后，处置时限自动改革。

• 软件在处置过程中根据事件类别自动列出相关联功能业务口以及联系矩阵（联系人岗位、姓名、电话或对讲机分组编码等）。

• 软件允许处置责任人将事件信息分享给相关联功能业务口。如果责任人没有点击分享信息，系统应定时闪烁提示。

• 软件允许特定座席员和其他工作人员将两个或多个事件记录合并为一个新的事件记录。被合并的事件记录编码在系统中保留，最后一行标注应说明它被合并到的新记录的编码；合并后的新记录在起始端要说明本事件记录源自哪几个编码的记录。

• 软件对于处置完毕需要挂起观察一段时间的事件，应当有可设置挂起时间的窗口。在到达设定的挂起时长后，系统应主动询问责任人是否关闭，并要求责任人输入关闭与否的理由。对于需要继续挂起的事件记录，应当有设定挂起时间的窗口。

• 软件允许特定座席员和其他工作人员在确认事件完全解决之后关闭某事件记录，也允许特定座席员和其他工作人员在一定的理由之下将已经关闭的事件记录重新开启。关闭和开启都要录入理由。

• 软件对于系统中的每个拥有远程终端的工作人员、每个座席员、每个各层级管理人员，都能在初始化阶段设定权限，包括录入权限、调用查询权限、更新权限、分发权限、合并权限、挂起权限、关闭权限、重启权限等。

应急响应模块

使用者

- 运行中心各业务口座席员
- 运行中心各级管理层
- 携带移动终端的现场工作人员
- 改革管理经理下属团队成员
- 汇报经理下属团队成员

模块功能描述

- 当系统中出现 1 级和 2 级事件记录时，在运行中心大屏幕上滚动显示该记录编号，1 级配红色色带，2 级配黄色色带。
- 根据事件类别，软件自动提供相关预案供座席员调取。
- 软件具备查询和调取事发地建筑结构、交通设施、地下管网、电力供应、消防设施等资料的能力。
- 软件具备接入实时监控视频的能力。
- 软件自动显示事发地周边应急储备物资、人员的分布信息。
- 软件按照预案在预定的会议室开通会商功能，启动多方通话和信息交互，会商的结果由运行中心值班主任签发下达。
- 软件自动生成报告模板，并提示责任人定时完成和上报。
- 软件开启备份席位，供应急团队成员使用。

即时事件综合汇总分析模块

使用者

- 运行中心高级管理层
- 汇报经理及其下属团队成员

• 改革管理经理及其下属团队成员

模块功能描述

• 在发生 1、2 级事件的情况下，软件能够汇总各功能业务口的即时情况，以人机交互方式提取关联信息，便于一线人员集中处置事件的同时，管理层和风险评估团队能够在后台关注更大范围内态势，例如在发生重大公共卫生安全事件时，风险评估团队需要关注疫区内、外公众的恐慌程度、人员流动意向、生活必需品供应是否正常且是否出现抢购、治安情况、水电气供应情况等。

• 大数据技术的出现，一方面使海量存储成为可能，另一方面在信息与事件之间建立起双重关系。大数据技术不仅能够从纷繁复杂的事件中提取共性、预测趋势，更重要的是它还可以大海捞针，根据特征信息在大千世界中找到目标事件，因此在风险预测和事件分析中具有重要作用。

事后分析模块

使用者

• 运行中心高级管理层

• 改革管理经理及其下属团队成员

• 汇报经理及其下属团队成员

模块功能描述

• 软件能够以一天、一周、一个月、一个季度、半年、一年等为周期，汇总分析事件的类型、等级、特征、地域分布等，描述周期性运行态势。

• 软件能够围绕过往发生的 1、2 级事件，以一个具体事件为核心，复盘同时段内各相关业务口的行为，例如对于暴雨立交桥排水不畅导致大量车辆受损、局部交通瘫痪、人员伤亡的事件，要能够将当时的公安、消防、市政、交通、供电、公交、医疗救护等业务口的实际状况汇总检索，以便风险分析团队有针对性地查找事件的起因和救援中的疏漏。

• 软件能够汇总过往发生的、具有关联性的 1、2 级事件，作为参考预警依据，例如雨季到来之前数月预警立交桥排水，冬季之前数月预警暴雪导致交通阻断等。软件在汇总时，要能够提供以往发生这类危机时所有相关的危机征兆、应对措施、经验教训等。

• 软件能够支持政策分析，例如某类 1、2 级事件有规律地、周期性地发生，意味着存在某种潜在规则或政策、法规存在缺陷，例如每到雨季就出现恶性水患导致人员伤亡，可能是排水设施投资政策有误、责任划分有问题、防范技术标准有问题或预防措施不到位、检查监督不利等；某个时段集中呈现较大数量同类型 3、4 级事件，意味着于此类别相关的政策法规有缺陷，例如小广告屡禁不止，很可能是政策过于宽容、缺乏清晰具体的法律法规等，需要修订法律法规。

演练模块

使用者

• 运行中心各级管理层

• 运行中心各业务口座席员

• 携带移动终端的现场工作人员

模块功能描述

演练模块主要分为演练导演组功能、参与演练功能和演练评估功能三大部分。

导演组功能

△ 能够编制演练剧本，包括设定演练的起止时间段、选择规定情景、选定事件发生的时间和地点、设置气象条件等。

△ 能够生成演练官任务单，在演练过程中供导演组指挥演练官设置事件，观察参演者的反应和应对表现，并予以记录在系统中。

△ 能够看到参演者在系统中的应对记录。

参演功能

△ 为参演者提供与日常工作完全相同的信息平台，可以得到预案、流程、可调用资源、预警等支持，但实际上与工作信息平台完全隔离，不对日常运行造成任何影响。

△ 参演者可以在此平台中按工作规程记录态势信息。

△ 所有相关信息全部带有“演练”标识，以示区别。

演练评估功能

△ 对于与时间有关的表现给出技术统计，例如对事件的响应速度、态势信息的更新频率等。

△ 对于事件定级、升级和降级的判断准确定给出技术统计。

△ 对于启动预案和流程的正确性给出结论。

三、运行管理系统的信息安全策略

运行管理系统是分布式系统，采取的主要技术防范措施可以概括为“物理隔离、专用专线、终端加密、语音加密、终端受控、操作留痕”。

物理隔离：运行管理系统与任何外部网络物理隔离。作为信息源，运行中心和办公场所设有公众互联网终端，仅供查询、检索，但屏蔽发送功能。公众互联网终端接入的交换机与运行管理系统使用的交换机物理隔离。呼叫中心座席员配备公共网络终端，用以辅助查询；实行端口授权准入原则，禁止接入移动存储器；呼叫中心设独立座席专门处理公众发给指定邮箱、自媒体客户端的信息，经隔离处理后导入事件录入模块。

专用专线：运行中心与其地理位置以外的互联需要使用通信专线。供应商通常提供的“专线”并不是真正意义上的专用线，比如可能是一根光缆中的一条光纤，这意味着交换机房是共用的。尽管各运营商的机房管理有非常严格的制度，但是与运行中心的重要性相比，机房是信息泄露的薄弱环节。“专用专线”意味着运行中心使用：专用线缆、专用线管槽、专用交换机，专用交换机房纳入运行中心门禁管理，工作人员按照运行中心正式工作人员管理。

终端加密：无论是位于运行中心的有线终端，还是现场工作人员所携带的移动终端，都采用终端加解密方式，所有在传输路径上的信息都是经过加密的信息。秘钥管理按照有关规定执行，不赘述。

语音加密：运行中心与外部的语音通信应采取加密措施，因为如果在通信全程使用专用专线的话，成本过高。目前的加密技术已经非常成熟，可以做到语音传输加密，终端解密。

终端受控：终端进入工作状态需通过密码和个人生物信息验证。终端内部置入防丢失模块，具有自动发射位置信息功能和远程受控功能，这个固态模块不受使用者控制，不能人为关闭。终端一旦丢失，运行中心可以将其遥毙，即通过无线方式关闭其应用功能，同时通过定位技术寻获其具体地理位置。此外，还要采取措施防止通过内部终端发起网络攻击。

操作留痕：对运行管理系统上的每一个信息终端，键盘、鼠标和功能按钮的每一次操作都记录在案，如此可以保证在需要的时候还原每一个终端的即时操作。

四、运行管理系统的内控机制

内部控制的目标是保证运行中心长久、稳定、零失误运行。不犯错误是不可能的，内控的作用一是防患于未然，铲除发生错误的土壤，二是在错误的萌芽期发现并解决，三是在错误出现之后弥补造成的损失，四是具有反馈控制机制，从错误中吸取教训，完善内控制度，下面是部分内控制度范本。

个人行为规范

1. 遵守法律、谨言慎行。

2. 有社会公德、有成熟的价值观、爱护和保护环境。

3. 遵守社会公德、坚守道德、品德高尚、永不妥协。

4. 工作中乐于沟通、有团队精神、学习他人长处、做好本职、恪守职责、追求完美。

5. 不与非相关的工作人员（即便是上级）在非工作区域私下谈论工作话题。

6. 严禁利益输送。

7. 尊重他人，不探听个人隐私；因工作需要或无意知晓他人隐私后也绝不泄漏。

8. 保持健康积极的生活态度、衣着整洁得体、遵守公共礼仪。

9. 严禁以性别、民族、疾病、身体缺陷等为由歧视他人。

10. 公平对待各种族、民族文化，尊重他人的自由选择。

公务和个人通讯透明制度

1. 公务通讯内容对于运行中心而言是透明的。

2. 个人通讯内容包括在自媒体发布的内容对于运行中心而言也是透明的。

3. 工作人员应主动避免在工作场合使用通讯工具时涉及个人隐私。

4. 工作人员严禁在非工作状态使用个人通讯工具谈论工作相关事宜；对于需要在非工作状态处理工作事务的人员，要配备工作用通讯工具，使用时要选择合适的场所，避开公众。

运行中心信息系统登录制度

1. 运行中心不支持远程登录。

2. 工作人员原则上在各自工作席位上登录系统。

3. 工作人员在内部会议室开会时可以利用会议室的通信设备临时登录。

4. 禁止工作人员将桌面电话做呼叫转移。

5. 工作人员在用餐、茶歇、去卫生间时属于非工作状态，应登出系统。运行中心需针对这类情况作出临时离席的代班流程。

保密制度

1. 以《中华人民共和国保守国家秘密法》为原则制定运行中心保密制度。

2. 由于运行中心的工作特点是多业务口、多专业综合，因此大部分核心工作人员都有机会接触到第一手信息，因此落实《保密法》应放在保密制度的第一位。

3. 运行管理系统依照岗位职责决定信息阅读权限，即信息定点送达，与职责相关，与级别无关。

4. 运行管理系统数据库分为纸质资料库和电子数据库，分别制定查询和调用保密制度。

另开发运行行政管理系统作为内控技术防范措施，可以实现出入控制、席位控制、通信控制和登录控制。

出入控制：工作人员出入运行管理系统采取生物信息识别与通行证件相结合，可以使用的技术包括人脸识别、指纹识别、虹膜识别、RFID 身份识别等，视具体情况选择几种或全部技术复合使用。

席位控制：工作人员在岗信息的记录包括每一次到达和离开座位的时间以及工作终端的锁屏、解屏状态。

通信控制：在运行管理系统内部，固定电话、普通移动电话终端和对讲系统等，所有人的所有通信内容对于管理系统而言都是透明的，都会被系统录音和记录备查。

登录控制：每一位工作人员登录运行管理系统的时间点、物理位置、终端编号、持续时间、登出时间以及同步视屏监控，合并为完整的登录记录备查。这意味着非本人工作席位登录是允许的，但是必须记录在案。

五、运行管理系统的冗余和备份策略

冗余就是以增加备份的手段加强应对突发事件的能力，提高运行可靠性。这种突发事件可以是突然增加的使用需求，也可以是软硬件系统故障等，之前的内容中或多或少有所提及。

冗余座席：在发生 1、2 级事件的情况下会临时增加值班座席员数量。运行中心须设立部分冗余座席以备不时之需。冗余座席为冷备（即日常处于不开机状态），定期启动，进行功能测试，确保处于良好工作状态，并制定冗余座席启动流程。冗余座席启动后所拥有的态势信息浏览权限，要根据使用该座席的人员身份而定，启动流程要对此进行专门定义。

冗余会商室：冗余会商室的日常状态是普通会议室，仅在需要时转换为会商室，室内配备座席员终端、视频会议电话系统，可显示现场视频监控画面。冗余会商室的技术设备和系统均为冷备，定期启动，进行功能测试，确保处于良好工作状态，并设置启动管制，制定启动流程，防止在作为普通会议室时被误开启，也防止任何人在未经授权的情况下调用任何信息。

冗余信息系统和设备：除座席外，运行管理信息系统软硬件均采取一主一备原则，为热备份，即日常工作状态下，主系统和备份系统同时工作，互为备份。主、备系统无论哪个出现故障都可随时自动切换，并发出告警。

对于主、备系统所使用的主要设备如交换机、路由器、服务器等，要保持一定数量的备品、备件冗余。这种冗余不同于普通库存，虽然日常处于冷备状态，但须定期开机测试，确保处于良好工作状态。冷备品的保存地点、保障对象、启用条件等都须经事先论证，形成文字，写入相应预案。

备份态势信息数据库：运行中心的数据中心内有多个不同类别的数据库。每个类别的数据库也都要采取一主一备原则，均为热备份。

备份电源：为保障运行管理系统的不间断供电，电力系统须具备以下条件：至少两路来自不同 10KV 开闭站的独立供电电缆；每一路电源分支都配备不间断电源（UPS），其输出功率不小于该分支的额定负荷；保持一定数量的冷备 UPS；设立燃油发电机（冷备），其功率不小于运行中心的总负荷。

异地备份数据中心：数据中心是运行中心的核心之一，除了在同一地理位置的数据库有一主一备的备份之外，有必要建立异地备份数据中心，当本地数据中心出现 1 级事件无法使用的情况下（如机房火灾、水淹、恒温恒湿设备主备全损、因刑事案件锁闭等），继续维持运行中心正常工作。

在信息技术不够发达的年代，有上述类似备份要求的机构通常是每 24 小时将备份数据的物理介质（磁带、磁盘、光盘、硬盘等）存入银行保险箱，这样可以保证在出现极端事件的情况下，至少能够恢复 24 小时前的数据。

今天，建立异地备份数据中心不仅技术上没有障碍，经济成本也可承受。备份数据中心的地理位置通常选择在同一城市相距数十公里的位置，以双路独立专线与主数据中心相联，热备方式工作，保证备份数据中心的内容与主数据中心完全同步一致，在主数据中心发生 1 级事件的情况下，运行中心可自动切换到异地备份数据中心。异地备份中心的内控机制与运行中心完全一致。

异地备份运行中心：无论是自然因素还是人为所致，运行中心都有可能发生 1 级事件被迫停止运行。为了保障运行的连续性，需要建立异地备份运行中心。备份运行中心的结构与主运行中心完全一样，实际安装的座席数量为其三分之一左右，空间和布线容量按照百分之百准备，以备扩充之需；备份运行中心以冷备为主，只有其中的数据中心为热备，与主数据中心的互联和管理方法与前述异地备份数据中心相同。这样的结果是同时存在三个数据内容完全相同的数据中心，互为备份；

备份运行中心同时作为运行中心的前期培训和演练场所。设定最长定期启动间隔，并制定启动流程。在没有开机培训和演练任务时，一旦关机时间达到最长定期启动间隔，就要按流程开机进行功能测试，确保备份运行中心处于良好工作状态。

【注意】冗余和备份水平直接取决于于冗余备份策略，与耗费的资源（资金、物资、人力）成正比，决定了运行中心的可持续运行能力和抗毁能力。

六、运行中心内部管理

1. 运行中心岗位设置

岗位标准描述

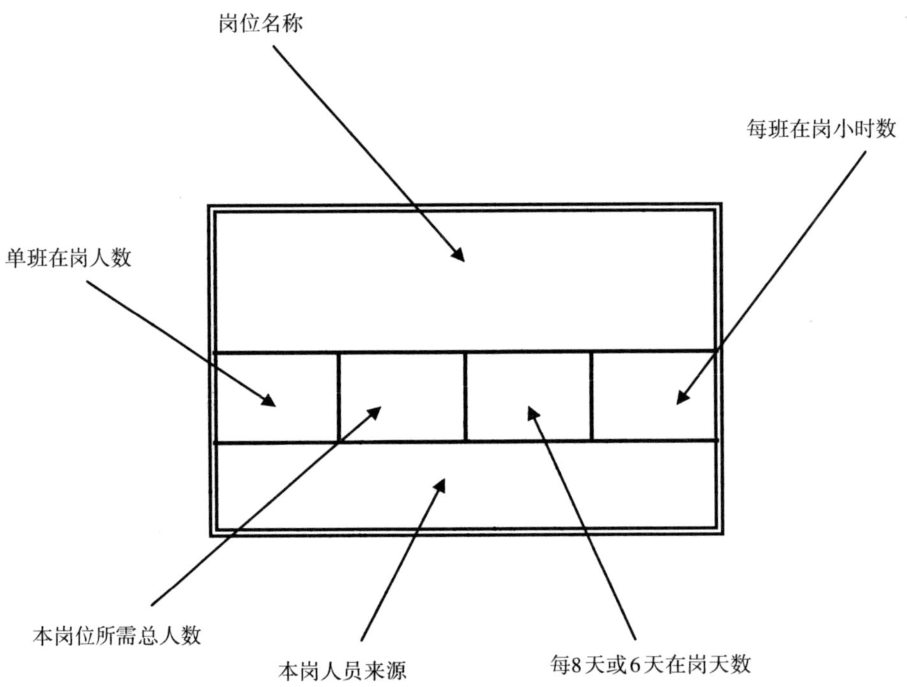

（注：此岗位结构图参考了《北京奥运会残奥会技术保障服务》，同心出版社 2009 年版，第 128 页。）

【说明】

1）岗位名称：即该岗位的标准名称，如“运行中心值班主任”；

2）单班在岗人数：即该岗位每班次所需的人员总数，例如“运行中心值班主任”岗每班次为 1 人，“运行中心秘书”岗每班次为 2 人；

3）本岗位所需总人数：即该岗位所需要聘用的总人数。如果是四班三运转，则总人数为“单班在岗人数”×4；如果是三班两运转，总人数为“单班在岗人数”×3；该总人数不包括机动团队人员在内。

4）本岗人员来源：即该岗位人员的聘用单位，可以是运行中心的聘用人员，也可能是来自业务口的派驻人员（如公安、纪检等），或来自供应商的人员（如电信运营商、软件公司、硬件供应商等）；

5）每8天或6天在岗天数：如果是四班三运转，此处使用每8天在岗天数(6天)，如果是三班两运转，此处使用每6天在岗天数(4天)。此处的天数只表示在岗天数，但不包括额外的培训、演练等所占用的工作天数；

6）每班在岗小时数：常规时数一般为每班8小时或12小时。理想状态下，四班三运转时为8小时，三班两运转时为12小时。

2. 运行中心班次

根据《中华人民共和国劳动法》第三十六条，工作人员每日工作时间不超过8小时、平均每周工作时间不超过44小时，同时享有法定假日和带薪休假；根据劳动法第四条，每日加班一般不得超过1小时，特殊原因下每日加班不得超过3小时，且每月不得超过36小时；

四班三运转：即工作人员设四个班次，每班工作时间为8小时，平均每8天工作48小时，以每月30天计算，每月在岗工作时间为180小时，少于劳动法第三十六条规定的上限；

三班两运转：即工作人员设三个班次，每班次工作时间为12小时，平均每6天工作48小时，以每月30天计算，每月在岗工作时间为240小时，与劳动法第36条规定（44小时/周×5=220小时）相比，每月超时20小时，符合劳动法第四十一条关于超时的规定；

【注意】从长期运行考虑，采取四班三运转的方式比较有利，一方面工作人员能够保持正常的工作和生活规律，二是每月大约有40小时（合5个工作日）的富裕时间，除去每年法定假日11天、带薪休假最多15天，仍有34个工作日（170小时）可用于培训、演练和病假、事假、探亲假、婚假、丧假等其他假期；三班两运转通常适合于短期、阶段性运行，工作人员在此情况下可能需要超负荷工作，只能在运行结束后集中休假。

3. 运行中心人力资源

运行中心按照每岗总人数和运行中心架构图编制人力资源计划，也可以根据已经确定的员工福利和休假制度，以确切的每人年工作日总数为依据，计算所需人员数量，后者或可较为准确。

各岗位人员的来源单位由运行中心决策层决定，由相关业务口派驻与否视行政规则确定，如需供应商派人，则应当以采购合同方式约定。

在运转班次全部人员计划编定后，还需要编制三个备份计划：

（1）机动团队计划。这部分人员需一专多能，不参加正常值班，只在出现非正常减员或重大危机事件出现时按照预案到岗。

（2）正常休息无班团队的应急到岗计划。当机动团队全员到岗仍无法满足要求的情况下，需要调动正常休班人员紧急到岗。这份计划应详细规定通知正常休班人员到岗的流程、相关人员的联系方式，并定期演练。定期更新，保证人员名单和联系方式的有效性。

（3）备份运行中心和备份数据中心人员计划。前文阐述了备份运行中心和备份数据中心的概念。在实际工作中，要根据冷备或热备的具体安排，确定两方面的人员计划，一是平时日常维护、巡视人员计划，这个计划要根据任务需要确定岗位职责、班次和人员数量。二是针对主运行中心或主数据中心发生 1 级事件终止工作、备份要转入主运行状态，这个计划要详细说明运行人员是谁、其备份是谁、由谁通知、通知方式、到岗交通方式等。

七、运行中心的行为准则

运行中心的行为准则既是对整个机构的要求，也是机构中每位工作人员的行为准则，两者关联而统一。

原真性准则：运行中心是信息汇总和分析的平台，因此，运行中心的第一准则是保证信息的原真性，任何工作人员都不允许对收集到的信息做任何更改。

完整性准则：信息收集切忌随意，运行中心要事先设计信息获取模板，以保证收集信息无遗漏。工作人员要严格遵守模板的要求，锲而不舍地追踪缺失的信息，直至达到模板的要求。

系统性准则：事件的发生、发展有其特定的环境和条件，运行中心的特点就是在一个完整的体系中观察和分析事件，因此运行中心要预先研究特定事件的规律，运行管理系统本身需要具备将信息归纳整理的系统性。归纳整理的过程，需要工作人员依据自身的经验和训练在系统上最终完成并加以呈现。

关联性准则：运行中心的另一个特点就是在多个功能业务口交错的现实中，发现彼此的关联性和牵制关系，因此最终的态势呈现既是单一业务口的，又一并呈现与之相关的其他业务口的状态，运行管理系统给出的解决方案（预案）必定是一系列各业务口分别执行的指令。运行中心的工作人员必须严格执行预先设定的流程，按照关联性矩阵检查指令是否有所遗漏。

零泄漏准则：运行中心所有信息的收集和送达都要实现设定范围，任何超范围的信息传递都属于信息泄露行为。运行管理系统要在技术上实现信息零泄漏，任何用户的登录、操作、登出都要有记录并可追溯。工作人员则必须严守保密纪律，禁止私自泄漏信息给任何个人和利益相关团体，违者必须受到法律制裁。

附 录

附录一：政府和公益服务企事业机构的日常运行规则

保障服务规则

- 每周5天8小时运行（学校、大部分政府部门等）或每周6天8小时运行（博物馆、部分政府部门）或7天24小时不间断运行（公用服务企业、银行、医院、公园、部分政府部门等）。
- 使用成熟、稳定、有保障、有备份、通过验证的技术手段和解决方案。
- 在运行管理信息系统中完整记录运行日志。
- 每班例会和文字小结，小结记入运行管理信息系统。
- 首问责任制。

应对事件规则

- 事件在现场解决。
- 事件解决依靠预案。
- 事件解决分级主责：1级事件由运行中心值班主任主责，2级事件由运行中心业务口值班主任主责，3、4级事件由事件属地业务口值班负责人主责。
- 事件解决优先级排序：危机应对优先于问题处理；事件解决优先于请求和改革管理；请求和改革管理优先于日常运行保障工作（注：请求和改革管理一旦进入实施，日常运行保障要随之跟进，不得固守旧规章）。

人力资源配置和薪酬福利规则

• 任何岗位都有人员备份，任何人都可以在任何时间点被替代。

• 任何人都知道自己的主责（由岗位描述定义）、自己是谁的备份、谁是自己的备份。

• 薪酬福利策略：在遵守劳动法的基础上，周期性收集劳动力市场各类人才价格水平范围，以中等偏上原则确定本周期新聘用员工的基本工资和福利。

• 与员工签订劳动合同，确定基本工资，根据劳动法确定加班工资和加班时数上限，确定绩效考核与增建薪资的关系。员工绩效考核结果决定员工薪酬调整范围和奖金。

• 员工享受带薪休假。

劳动安全保护规则

• 上岗前须经安全规程培训并考试合格。

• 个人防护用品由公司免费提供（或由员工自行采购，公司予以部分报销），员工在特定情况下进入岗位前必须按照安全规程全程穿戴安全防护用具（安全帽、手套、护目镜、反光背心、防静电抗压安全鞋等、防静电腕带等）。

• 火灾逃生培训、定期复训和演习。

• 紧急医疗救护培训、定期复习和演练。

员工培训原则

• 无论是社会招聘还是体制内调配人员，都要接受岗前技能培训和考核，在岗期间定期参加复训和考核，考核结果记入员工绩效。

• 鼓励员工在岗期间参加岗位技能升级培训，考核结果考记入员工绩效。

• 定期派遣运行中心员工到业务口一线挂职轮岗。

• 每位员工可从公司提供的在职培训课程自由选择，每年不少于 40 课时，结课需考核并计入员工绩效。拒绝员工参与上述培训的管理层将受到处罚。

• 为接受业余学历教育的员工提供部分学费。

附录二：政府和公益服务企事业机构 7 天 24 小时不间断运行保障服务流程及说明

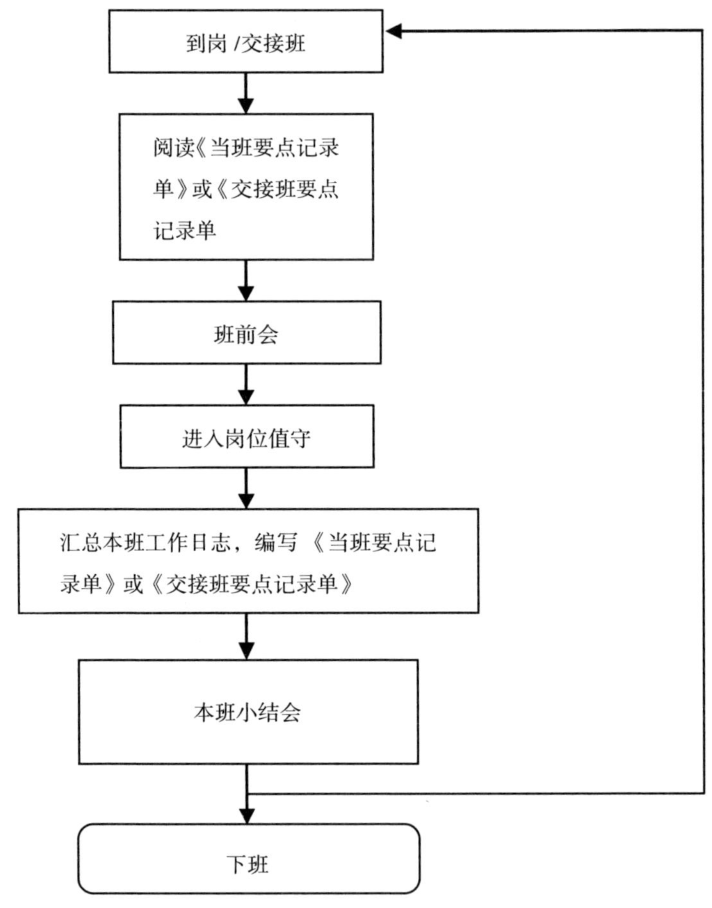

【说明】

1. 交接班。接班人员应比规定的交接班时间提前 5 分钟进入工作场所，以保证按时交接班。交班人员口头向接班人员提醒重要事项，具体内容则以运行管理信息平台记录的《交接班要点记录单》内容为准，交接单的主要内容包括：本岗位当前重要事项、发生的问题、遗留的问题、改革等。接班者须在信息平台上对交班要点记录单做阅单确认操作；没有交接班的运行机构，当班人员比正式对外服务启动的时间提前到岗，具体提前多少视岗位需求而定，一般情况下，信息系统加电自检提前2小时，场地就绪提前1小时。注意，宣布进入危机状态后，交接班按照危机管理流程中的规定执行。当班人员应当在信息平台中阅读前一个工作日结束时的《当班要点记录单》，并在系统中做阅单确认操作。

2. 班前会。所谓“班前会”并不是本班开始当值之前召开，而是当班人员到岗阅读过《交接班要点记录单》或《当班要点记录单》之后召开，一般为10—15分钟，主要内容是（1）通报前一班或前一个工作日的运行态势；（2）确认重点事件和解决进展情况；（3）明确本班次的任务和运行保障重点。班前会能够帮助各岗位当班人员迅速进入情况，明白当前态势，尽可能保障运行状态控制水平不受班次轮换的影响，对于没有交接班的运行机构，有利于保持每个工作日运行状态保持在稳定的同一水平。对于管理层级较小（≤2层）的运行单元，全体人员参加班前会；超过2层时时，视情况限前1层或前2层人员参加，与会人员在会后必须将前述会议的主要传达到下个层级的全体人员。

3. 岗位流程。岗位流程因岗位而异，专业性强，同时也是集中体现各项运行规则的重要环节。为了说明岗位流程的具体构成，下面以市政工程公司为例，给出一系列岗位流程样本，包括：市政工程公司维护分队道路每日巡查流程、市政工程公司道路探伤专业分队道路定期探伤流程、市政工程公司专家组道路状况定期会商和报告流程、市政工程公司道路维修和翻建决策流程。前两个流程将给出流程图样本，后两个流程仅作文字描述。

案 例

市政工程公司维护分队道路每日巡查流程

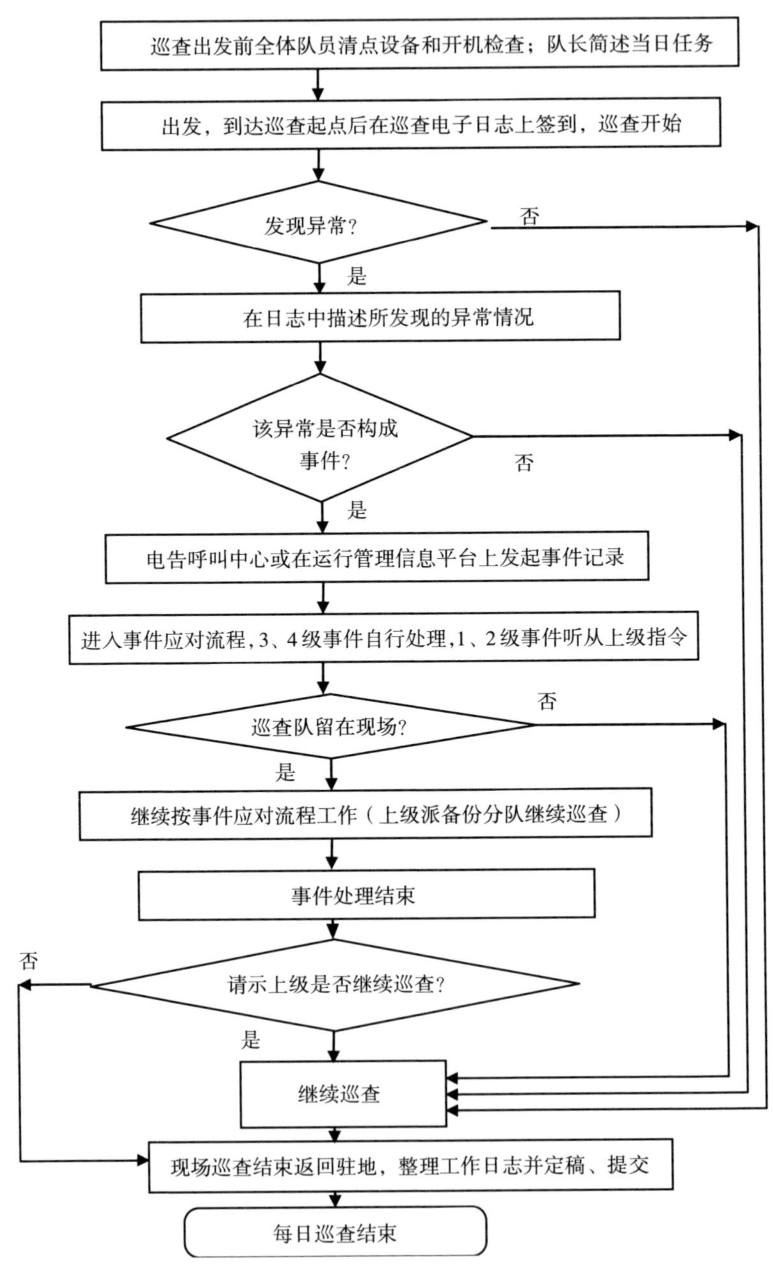

【说明】

- 每日巡查时段：8：30—11：30，14：00—18：00。
- 巡查人员：市政工程公司各路段道路维护分队。
- 巡查人员人数：3人（要求具备相关专业技术资质+驾照）。
- 巡查方式：驾车和步行。
- 巡查所需设备：工程车辆（1台）、自行车（2辆）、望远镜、照相机、摄像机、对讲机（3台）、PDA终端或便携电脑（具有两种以上移动互联网接入方式，可接入电子地图、地下管网数据库、运行管理信息平台）、锥桶（10只）、皮尺等，除已经注明数量的设备和车辆以外，其他设备均为1主1备（1主用+1备份）。
- 巡查记录：填写格式化巡查日志，记入运行信息平台。
- 巡查人员工作职责：道路巡查，发现事件后作为第一报告人和事件处置人做现场处置。
- 巡查中的事件处置：依照相关预案处置并报告。

案　例

市政工程公司道路探伤专业分队道路定期探伤流程

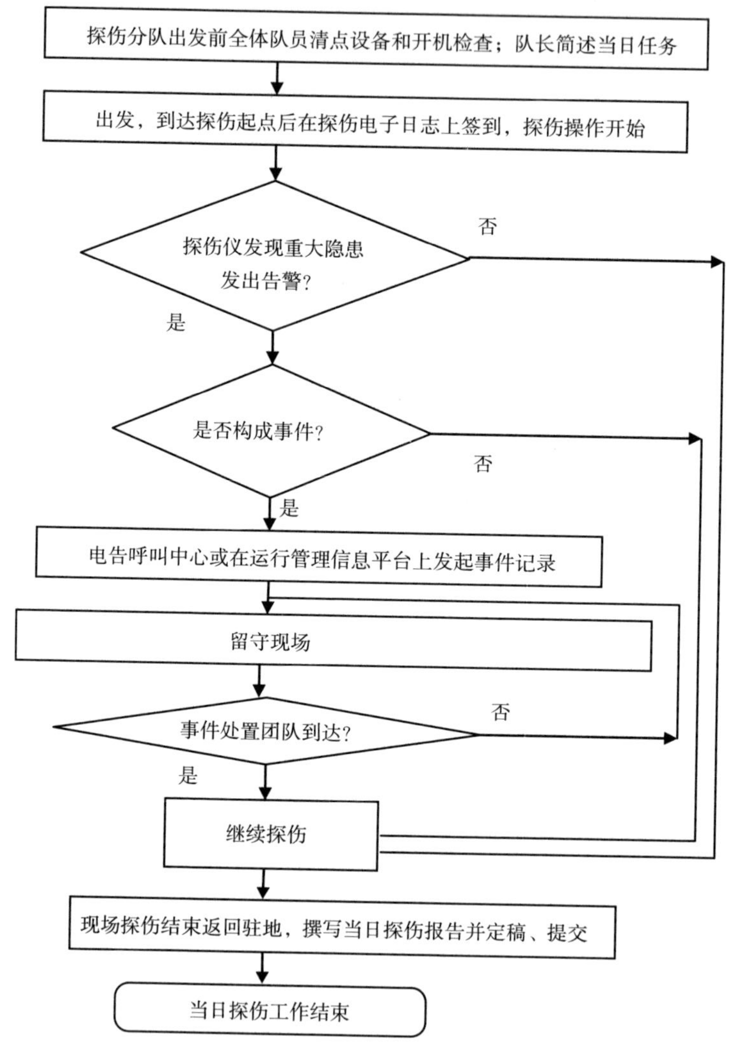

【说明】

- 探伤作业频次：每标段每月 1 次。

• 探伤作业计划：市政工程公司道路探伤专业分队按照作业频次和标段编制每月探伤作业计划。

• 探伤上路作业时间：凌晨 1：00—4：00。

• 探伤人员来源：市政工程公司道路探伤专业分队。

• 探伤作业人数：4 人（要求具备相关专业技术资质＋驾照）。

• 探伤作业设备：每个作业组配备道路探伤车（1 台）、照相机、摄像机、对讲机（4 台）、PDA 终端或便携电脑（具有两种以上移动互联网接入方式，可接入电子地图、地下管网数据库、运行管理信息平台）、锥桶（10 只）、皮尺等，除已经注明数量的设备和车辆以外，其他设备均为 1 主 1 备（1 主用 +1 备份）。

• 探伤作业报告：每标段探伤户外作业完成后，立刻分析探伤技术数据，写出初步报告，记入信息平台。

• 探伤工作人员工作职责：道路探伤，发现事件后向呼叫中心报告并留守现场等待事件处置团队到达现场，但不直接负责事件处置。

案 例

市政工程公司专家组道路状况定期会商和报告流程

会商和报告人员：市政工程公司专家组。

会商和报告内容：每标段探伤完成后，根据该标段近 12 个月的探伤作业报告和探伤技术数据进行会商，给出该标段道路诊断意见，并提出后续行动建议。上述内容形成会商报告，记入运行信息平台。

会商和报告时间：每标段探伤完成当天的 9：00—17：00。

（流程图略）

案 例

市政工程公司道路维修和翻建决策流程

• 决策会召集人：市政工程公司。

• 决策会参与人员：市政工程专家、预算负责人、交管主管部门代表，水务主管部门、燃气公司、热力公司的代表视需要决定。

• 决策技术依据：日常巡查报告、道路探伤会商结论、水务主管部门、燃气公司、热力公司关于该路段跑冒滴漏状况的日常报告、道路设计寿命、正常维修历史记录、因事故所进行的维修记录等。

• 决策预算依据：(暂略)

• 决策风险考量：评估实施维修或翻建对当前道路交通的影响，给出可行的维修或翻建施工时段，并给出相应的临时交通调整方案，同时要给出 1—2 种备份交通预案。

(流程图略)

【注意】道路维修和翻建不是抢修作业，而是主动地、有计划地根据道路状况所进行的维修和翻建，是防止出现重大道路塌陷事故的良性措施。这一流程的设置体现的是全寿命周期管理理念，即对于任何有寿命周期的设施，要主动监测、维护、修整，以保证在设计寿命周期内正常运转，并在有科学依据和有效手段的条件下延长其寿命周期，或在寿命周期即将结束时，提前做好更新替代设施计划并按部就班实施计划。

附录三：《城市道路塌陷处置预案》模板

【注意】以下是预案模板，凡是标注为“暂略”的部分在正式预案中须根据本书正文“预案要素”的要求补充完整。

预案名称：《城市道路塌陷处置预案》

事件：道路塌陷

关键词：道路交通塌陷

1. 事件描述

事件发生时间	交通高峰时段
事件发生地点	国贸桥西北角匝道
对交通运行的影响	事故地点交通中断
事件发生的标志	目测路面塌陷呈坑状，可能伴有水涌或蒸汽突出，车辆无法顺利从塌陷处上方通过
具体描述	（暂略）

2. 保护和预防

措施号	措施执行情况（截至事件发生前）	措施内容	措施执行人
1	正常 / 不正常	每日巡查	市政工程公司
措施 1 描述：市政工程公司按区域划分责任路段，每日专人定时巡查道路状况。（见《道路每日巡查流程》）			
2	正常 / 不正常	道路定期探伤	市政工程公司
措施 2 描述：市政工程公司对道路定期探伤（添加探伤作业的具体流程，包括人员、设备、频次、报告和处置）			
3	正常 / 不正常	维修	市政工程公司

续表

<table>
<tr><th>措施号</th><th>措施执行情况（截至事件发生前）</th><th>措施内容</th><th>措施执行人</th></tr>
<tr><td colspan="4">措施 3 描述：市政工程公司根据路面外观破损和探伤结果对道路实施维修（添加维修启动依据）</td></tr>
<tr><td>4</td><td>正常 / 不正常</td><td>道路翻建</td><td>市政工程公司</td></tr>
<tr><td colspan="4">措施 4 描述：市政工程公司根据道路使用年限、探伤结果和维修情况等决定对道路进行翻建（添加道路翻建决策依据和流程）</td></tr>
<tr><td>5</td><td>正常 / 不正常</td><td>对措施 1—4 实施情况的监督</td><td>独立第三方</td></tr>
<tr><td colspan="4">措施 5 描述：由独立第三方对市政工程公司主责的措施 1—4 进行监督，确保按既定周期执行到位。独立第三方机构定期更换。</td></tr>
</table>

3. 预测和预警

	预警指标名称	安全范围	告警范围	危机范围	责任人
指标 1	道路破损面积和深度	面积小于××平米，深度小于××厘米	面积大于××且小于××平米或深度大于××厘米且小于××厘米	面积大于××平米或深度大于××厘米	市政工程公司
指标 2	路面裂隙渗水				市政工程公司
指标 3	路面裂隙蒸汽				市政工程公司
指标 4	路面隆起				市政工程公司

4. 行为列表

行为编号	紧前工作	措施内容	责任人
1. 事件上报	无	市民电话报警或巡视员 / 交巡警通过 PDA 录入运行管理信息系统，定为 3 级。	呼叫中心接线员、巡视员或巡警
2. 运行中心分发信息	行为 1 或行为 12	运行中心将事件信息分发给交巡警和市政工程公司，发布公告 1。	运行中心值班主任
3. 交巡警查看现场	行为 2	交巡警保护现场并确认是否有人员伤亡，上报运行中心。	交通主管部门
4. 市政工程公司勘察	行为 2	市政工程公司现场勘察塌陷程度、原因，上报运行中心。	市政工程公司
5. 运行中心分发指令	行为 3 和 4	运行中心根据现场报告分发指令。处置优先顺序： 1. 有天然气或车载危险品泄漏的，先通知燃气公司关闭天然气阀门或通知消防处理危险品。 2. 有重大人员伤亡或个别人员伤亡的，交公安主管部门刑侦，市政维修待命，事件分别升级为 1 级或 2 级，运行中心进入危机状态，按流程通知相关行政领导。 3. 造成断路的，暂保留为 3 级，交巡警监控交通状况，一旦出现严重拥堵的，通知运行中心升级为 2 级。 4. 按照市政工程公司行为 4 的报告，伴随天然气泄漏、热力管道断裂和上下水管道断裂的，分别交相关责任方先行处理。 5. 单纯路面塌陷无伴生事故的，由市政工程公司处理。运行中心根据上述情况拟定通稿发布公告 2。 6. 气象主管部门提供事发地点未来一周天气预报。	运行中心
6. 各业务功能口现场处置	行为 5	1. 关闭天然气阀阀门。	燃气公司
		2. 处置车载危险品。	消防
		3. 疏导交通、监控拥堵状况。	交通主管部门
		4. 修复天然气管道。	燃气公司
		5. 修复热力管线。	热力公司

续表

行为编号	紧前工作	措施内容	责任人
		6. 修复上下水管线。	市政工程公司
		7. 恢复路面：交通高峰时段具备临时恢复条件的先快速恢复交通，运行中心组织市政工程公司和交通主管部门制定修复计划，包括施工时间、对道路交通的影响；必须立即施工的立即开展现场施工。	市政工程公司
		8. 事发地点气象信息。	气象主管部门
7. 跟进公告	行为 5—7	组织各业务口会商预测道路恢复时间，并发布跟进公告 3。	运行中心
8. 拥堵处置	行为 6—3	发生严重拥堵时启动预案（链接交管业务口预案，采取人工分流、发布公告 4、现场设置路标等），报告运行中心。	交通主管部门
9. 道路修复结束	行为 5—7	施工完成，组织验收，报告运行中心。	市政工程公司
10. 确认道路修复	行为 9 行为 8	根据市政工程公司的报告确认道路修复，具备通行条件。继续维持 3 级事件。发布公告 5，宣布路面恢复，并告知公众该道路及周边拥堵状况，给出绕行建议。	运行中心
11. 恢复交通	行为 10	在事故路面求修复后继续疏导交通，直至确定交通秩序恢复到事故发生前的状况。	交通主管部门
12. 事件降级保持观察一周	行为 11	在确定塌陷事故彻底处理完毕、交通秩序完全回复后，发布公告 6。事件降为 4 级，设定一周观察期，到期没有异常的，关闭本事件记录。观察期内再次发生塌陷的，回到行为 2。	运行中心
13. 恢复日常运行	行为 12	回到保护和预防、预测和预警状态。	市政工程公司

5. 解决方案（暂略）

6. 应急资源

资源名称	资源类型	资源储备位置和数量	物流方式	资源保管和调配责任人
砂石水泥	实物建筑材料	储备位置、品种、数量分布图	车辆运输	市政工程公司
钢板	实物	储备位置、品种、数量分布图	车辆运输	市政工程公司
工程用水	实物储罐	储备位置、容量、数量分布图	车辆运输	市政工程公司
工程用水	实物管网	可供施工取水的出水口位置分布图	就近人工搬运	水务主管部门
工程用水	实物	可临时少量供水的消防车分布图	消防车	消防主管部门
工程机械	实物机械	储备位置、容量、数量分布图	车辆运输	市政工程公司
人员	人力资源	常配维修人员值班地点分布图 机动维修人员待命地点分布图	车辆运输	市政工程公司

7. 公共关系：

公告通稿发布渠道

公告发布渠道	名称	联系人及联系方式	备用联系人及联系方式	发布责任人
电视台 1	×××	××× ××××	××× ××××	运行中心
电视台 n	×××	××× ××××	××× ××××	运行中心
电台 1	×××	××× ××××	××× ××××	运行中心
电台 2	×××	××× ××××	××× ××××	运行中心
平面媒体 1	×××	××× ××××	××× ××××	运行中心
平面媒体 n	×××	××× ××××	××× ××××	运行中心

注：以上给出的是格式要点，真实预案中要列明各媒体具体信息

新闻发布会

种类	内容	与会人员	主持人
运行中心例行现场发布会	3、4级事件，在例行新闻发布会中发布事件相关公告通稿，回答记者提问，内容范围以公告为准。	市政工程公司，交通、消防（可选）、水务（可选）、公安（可选）主管部门、燃气公司（可选）、热力公司	运行中心
现场新闻发布会	1、2级事件，召开现场新闻发布会（发布会条件落实方案、发布内容以公告通稿为准）。	市政工程公司，交通、消防（可选）、水务（可选）、公安（可选）主管部门、燃气公司（可选）、热力公司	运行中心

注：以上是预案格式，编制正式预案时，内容部分要详尽。

公告通稿

公告通稿	内容要点	拟稿人责任人	定稿责任人
公告 1	公布路面塌陷事发地点，救援正在展开，建议车辆绕行。	市政工程公司	运行中心
公告 2	事故地点、起因、伤亡情况、燃气或 / 和车载危险品泄漏控制情况、热力管线损毁情况、上下水管线损毁情况、道路拥堵 / 中断情况、周边道路情况和绕行建议、抢险进展情况、澄清不实传言。告知公众水、热力、燃气中断范围和预计恢复时间，告知险情现场是否已经受控，告知公众车辆和行人是否应当避开事发地点。	市政工程公司、燃气公司、水务、公安和交通主管部门	运行中心
公告 3	跟进公告，对于临时恢复交通的，宣布临时恢复通行，并公布断路施工交通管制时间段发布道路预计恢复通行时间。对于立即开展抢修的，公布道路预计恢复时间。	市政工程公司、交通主管部门	运行中心
公告 4	交通拥堵情况、绕行建议。	交通主管部门	运行中心

续表

公告通稿	内容要点	拟稿人责任人	定稿责任人
公告 5	宣布路面恢复，并告知公众该道路及周边拥堵状况，给出绕行建议。	市政工程公司、交通主管部门	运行中心
公告 6	宣布路面塌陷事故处理完毕，道路交通恢复正常，感谢市民理解和支持。	交通主管部门	运行中心

注 1：公告拟稿在预案制定阶段完成，定稿在事件处置过程中完成。

注 2：拟稿要形成顺畅文字，内容要拟出不同状况下的选项，以便根据具体情况快速定稿。

参考文献

1. 童志鹏主编:《综合电子信息系统（第二版）》，国防工业出版社 2008 年 7 月版。

2. 杨义春主编:《北京奥运会残奥会技术保障服务》，同心出版社 2009 年 9 月版。

3. GB/T 31167-2014《信息安全技术云计算服务安全指南》。

4. GB/T 31168-2014《信息安全技术云计算服务安全能力要求》。

5. 涂子沛著:《大数据》第 2 版，广西师范大学出版社 2013 年 4 月版。

6.《中华人民共和国突发事件应对法》，中华人民共和国第十届全国人民代表大会常务委员会第二十九次会议 2007 年 8 月 30 日通过，2007 年 11 月 1 日起施行。

7.《北京市实施〈中华人民共和国突发事件应对法〉办法》，北京市第十三届人民代表大会常务委员会第四次会议通过，2008 年 5 月 23 日。

8.《国家突发公共事件总体应急预案》，国务院 2006 年 1 月 8 日发布并实施。

9.《北京市突发公共事件总体应急预案》，《北京市人民政府公告》2005 年第 18 期。

10. Ways of Working，2012 年 4 月，Roger Baumann，淡欣。

11.《浅析高效的城市应急管理体系》，郑欣。

12.《支撑社会共治，助力深度改革》，朱德成。

后 记

本书从2009年酝酿到2015年写成，观点、方法和解决方案发生过许多变化，唯一不变的是希望将综合电子信息系统原理应用于国家管理，北京奥运会期间的实践坚定了这一信心，并在操作层面得到有价值的收获，为这本书的最终呈现奠定基础。

感谢童志鹏院士的教诲和启蒙。

感谢王小谟院士的知遇与信任。

感谢沈锡麟先生给予宝贵意见和帮助。

感谢王渊、郑欣、刘云、袁彬、杨义春、纪旸、杜枫、文浩、朱德成、康子路、张国敏、刘梅、周帆等朋友在本书写作过程中给予的指导、批评和修改意见。

感谢阎长林、郭乃晨、要金宝、刘晨虎、杨玉慧等朋友的无私帮助。

感谢西风先生。

感谢朱英璜先生和姚翔女士。

感谢倪维斗院士、薛澜教授。

感谢罗杰·鲍曼（Roger Baumann）先生。

感谢李博生先生、赵洁女士、高鹏先生、赵锡勇先生。

感谢许吉金先生、许图先生。

因为你们，写作和出版这本书的梦想成为现实。

淡 欣

2016年5月3日

责任编辑：马长虹
封面设计：肖　辉　孙文君

图书在版编目（CIP）数据

现代政府运行管理 / 淡欣著 . — 北京：人民出版社，2016.8
ISBN 978 – 7 – 01 – 016263 – 8

I. ①现…　II. ①淡…　III. ①国家行政机关 – 行政管理 – 研究 – 中国　IV. ① D630.1

中国版本图书馆 CIP 数据核字（2016）第 117072 号

现代政府运行管理

XIANDAI ZHENGFU YUNXING GUANLI

淡　欣　著

人民出版社 出版发行
（100706　北京市东城区隆福寺街 99 号）

北京盛通印刷股份有限公司印刷　新华书店经销

2016 年 8 月第 1 版　2016 年 8 月北京第 1 次印刷
开本：710 毫米 ×1000 毫米 1/16　印张：13.75
字数：200 千字　印数：0,001–3,000 册

ISBN 978 – 7 – 01 – 016263 – 8　定价：38.00 元

邮购地址 100706　北京市东城区隆福寺街 99 号
人民东方图书销售中心　电话：（010）65250042　65289539